Albrecht Grözinger

Die Kirche – ist sie noch zu retten?

Anstiftungen für das Christentum in postmoderner Gesellschaft

Chr. Kaiser
Gütersloher
Verlagshaus

Die Deutsche Bibliothek – CIP-Einheitsaufnahme

Grözinger, Albrecht:
Die Kirche – ist sie noch zu retten? : Anstiftungen für das Christentum in postmoderner Gesellschaft / Albrecht Grözinger. – Gütersloh : Kaiser, Gütersloher Verl.-Haus, 1998
ISBN 3-579-01902-3

ISBN 3-579-01902-3

Umschlaggestaltung: INIT, Bielefeld
Umschlagmotiv: »Rockefeller-Center, N.Y.« von Michael Paras, © Mauritius
Satz: Weserdruckerei Rolf Oesselmann GmbH, Stolzenau
Druck und Bindung: Druckerei Sommer GmbH, Feuchtwangen
Gedruckt auf chlorfrei gebleichtem Werkdruckpapier
Printed in Germany

Inhalt

Vorwort 9

1. Konturen der Postmoderne 11

   1.1 Moderne oder Postmoderne? 11
   1.2 Die Individualisierung der Lebenswelten 16
   1.3 Der Verdacht gegen die großen Erzählungen 23
   1.4 Die Erfindung des eigenen Lebens 30
   1.5 Tempel und Markt – Zum Ort der Kirche in der Postmoderne 33

2. Christentum in der Postmoderne 49

   2.1 Plädoyer für eine neue Kulturtheologie 49
   2.2 Erinnerung und Humanität 64
   2.3 Tradition und Revolte 78

3. Kirchliche Praxis in der Postmoderne 84

   3.1 Die Wiederkehr des Heiligen – Die pluralistische Kultur des Feiertags und des Gottesdienstes 84
   3.2 Bruchstellen – Das seelsorgerliche Gespräch unter den Bedingungen der Postmoderne 111
   3.3 Möglichkeiten diakonischen Handelns: Lesen – Erzählen – Erinnern 123

4. Ausblick
   Das Amt der Erinnerung – Überlegungen zum künftigen Profil des Berufs der Pfarrerinnen und Pfarrer 134

Personenregister 142

»Wie sehr einem das Leben erst gehört,
nachdem man es erfunden hat.«

Djuna Barnes

Vorwort

Die Postmoderne ist da. In Talk-Shows und im Feuilleton der Zeitungen begegnet uns der Begriff der Postmoderne als Schlagwort, schillernd und in seinem Aussagegehalt nicht immer präzis bestimmt. Gleichwohl verweist er auf reale Entwicklungen: Individualisierung und Pluralisierung bestimmen das Lebensgefühl und den Lebensstil der Menschen immer mehr. Dies kann Theologie und Kirche nicht unberührt lassen. Den Individualisierungs- und Pluralisierungprozessen ist nicht – wie dies Ulrich Beck einmal ironisch ausgedrückt hat – mit »Wir-Umschlägen und täglichen Einreden auf das Gemeinwohl« beizukommen, eine Strategie, wie sie sich nicht zuletzt auch in der Kirche großer Beliebtheit erfreut.

Demgegenüber plädieren die in diesem Buch vorgetragenen Überlegungen dafür, die Postmoderne in ihrem ambivalenten Charakter in den Blick zu bekommen: das heißt in ihren Risiken wie in ihren Chancen. Dabei verhehle ich nicht, daß mir die Chancen, die in der Herauforderung durch die Postmoderne begründet sind, für die kirchliche Praxis und theologische Reflexion ungemein größer zu sein scheinen als deren Risiken.

Die hier veröffentlichten Gedanken wurden alle im Rahmen von Einladungen in Pfarrkonvente und auf Fortbildungsseminare für Kirchenvorstände und kirchliche Mitarbeiter und Mitarbeiterinnen vorgetragen. Die dort geführten, oft sehr kontroversen Diskussionen haben mir gezeigt, daß das Thema der Postmoderne keine modische Schimäre ist, sondern in das Zentrum theologischer Reflexion und kirchlicher Praxis zu führen vermag.

Basel, im Januar 1998 *Albrecht Grözinger*

1. Konturen der Postmoderne

1.1 Moderne oder Postmoderne?

Es ist übrigens nicht schwer zu sehen, daß unsere Zeit eine Zeit der Geburt und des Übergangs zu einer neuen Periode ist. Der Geist hat mit der bisherigen Welt seines Daseins und Vorstellens gebrochen und steht im Begriffe, es in die Vergangenheit hinab zu versenken, und in der Arbeit seiner Umgestaltung. Zwar ist er nie in Ruhe, sondern in immer fortschreitender Bewegung begriffen. Aber wie beim Kinde nach langer stiller Ernährung der erste Atemzug jene Allmählichkeit des nur vermehrenden Fortgangs abbricht – ein qualitativer Sprung – und jetzt das Kind geboren ist, so reift der sich bildende Geist langsam und stille der neuen Gestalt entgegen, löst ein Teilchen des Baues seiner vorhergehenden Welt nach dem andern auf, ihr Wanken wird nur durch einzelne Symptome angedeutet; der Leichtsinn wie die Langeweile, die im Bestehenden einreißen, die unbestimmte Ahnung eines Unbekannten sind Vorboten, daß etwas anderes im Anzuge ist. Dies allmähliche Zerbröckeln, das die Physiognomie des Ganzen nicht veränderte, wird durch den Aufgang unterbrochen, der, ein Blitz, in einem Male das Gebilde der neuen Welt hinstellt.

Nein – diese Worte sind nicht Teil einer Programmschrift, die pathetisch den Übergang von der Moderne zur Postmoderne ausruft, sondern sie entstammen der Vorrede zur »Phänomenologie des Geistes«, in der Georg Wilhelm Friedrich Hegel den Aufgang jener Moderne feiert, deren Abgesang gegenwärtig die Theoretiker der Postmoderne anstimmen. Das Pathos – hier wie dort – verrät es: Es geht um weit mehr als nur um eine geschichtsphilosophische Standortbestimmung. Im Streit um ›Moderne‹ und ›Postmoderne‹ geht es um weitreichende Perspektivierungen und Orientierungen, die nicht zuletzt die Emotionen der an diesem Streit Beteiligten mobilisieren. Altmodisch gesagt: Es geht um existentielle Orientierung. Insofern berührt dieser Streit nicht zuletzt die Horizonte von Theologie und insbesondere von Praktischer Theologie.

Worum geht es im Streit von Moderne und Postmoderne? Es geht dabei schlicht um die Frage, unter welchen Perspektiven und mit welchen wissenschaftlichen Paradigmen wir gegenwärtige menschliche Erfahrungen und menschliches Handeln in ihrem gesellschaftlichen Kontext *angemessen* erkennen und beschreiben können. Noch immer scheint es die Philosophie zu sein, die sich am entschlossensten der Aufgabe zuwendet, unsere ›Zeit in Gedanken zu fassen‹. Denn als exemplarische Kontrahenten in dieser Kontroverse haben sich im deutschen Sprachraum die beiden Philosophen Jürgen Habermas und Wolfgang Welsch engagiert. Jürgen Habermas begreift die Moderne als unvollendetes Projekt und das heißt zugleich auch als ein Projekt mit Zukunft. Er hält deshalb die »These vom Anbruch der Postmoderne für unbegründet«[1]. Demgegenüber plädiert Wolfgang Welsch für »eine Durcharbeitung und Verwandlung der Moderne, in der zwar manche Züge dieser Moderne verabschiedet, andere aber erhalten und weiterentwickelt werden sollten«[2]. Postmoderne in diesem Sinn meint nicht den Anbruch einer neuen Epoche (dies wäre in der Tat eine hybride Anmaßung!), wohl aber einen weitreichenden Abschied von gängigen Standards und Strategien zur Beschreibung unserer Wirklichkeit.

Diese Standards und Strategien, die die Moderne mit begründet sie und in ihrer weiteren Entwicklung begleitet haben, werden bei Jürgen Habermas noch einmal auf höchstem Niveau vorgeführt. Zwar weiß auch Habermas vom »höchst *ambivalenten* Gehalt der kulturellen und gesellschaftlichen Moderne«[3], er versucht jedoch diesen ambivalenten Gehalt gerade in denjenigen Perspektiven und Begriffen zu fassen, die diese Moderne selbst hervorgebracht hat. So entsteht bei ihm – paradox ausgedrückt – das einheitliche Bild einer höchst uneinheitlichen Wirklichkeit: Für ihn »gliedert sich die Lebenswelt ... in Kultur, Gesellschaft und Person. *Kultur* nenne ich den Wissensvorrat, aus dem sich die kommunikativ Handelnden, indem sie sich über etwas in der Welt verständigen, mit konsensträchtigen Interpretationen versorgen. *Gesellschaft* (im engeren Sinn einer Lebensweltkomponente) nenne ich die legitimen Ordnungen, aus denen die kommunikativ Handelnden, indem sie interpersonale Beziehungen eingehen, eine auf Gruppenzugehörigkeit gestützte Solidarität schöpfen. *Persönlichkeit* dient als Kunstwort für erworbene

1. *Jürgen Habermas,* Die Neue Unübersichtlichkeit. Kleine Politische Schriften V, Frankfurt 1985, S. 145.
2. *Wolfgang Welsch,* Unsere postmoderne Moderne, 4. Aufl., Berlin 1993, S. XVI.
3. *Jürgen Habermas,* Der philosophische Diskurs der Moderne. Zwölf Vorlesungen, Frankfurt 1985, S. 392.

Kompetenzen, die ein Subjekt sprach- und handlungsfähig machen und damit instandsetzen, in einem jeweils gegebenen Kontext an Verständigungsprozessen teilzunehmen und in wechselnden Interaktionzusammenhängen die eigene Identität zu behaupten.«[4]

Bereits die tragenden Begriffe dieses kurzen Abschnittes verraten, worauf es Habermas ankommt: auf kommunikative Vermittlung höchst heterogener Tendenzen, auf eine begreifbare und kohärente Identität der in hochkomplexen Kontexten handelnden Menschen. Diese sich durch kommunikatives Handeln einstellende ›Identität‹ ist für Habermas mit konkreten historischen und politischen Intentionen und Aufgaben verbunden. Deshalb ist diese ›Identität‹ nicht allein ein Besitzstand, sondern stets auch ein zu realisierendes Programm: »Der aus der französischen Revolution hervorgegangene demokratische Verfassungs- und Nationalstaat war bisher die einzige, welthistorisch erfolgreiche Identitätsformation [sic!], die diese Momente des Allgemeinen und des Besonderen miteinander zwanglos vereinigen konnte ... Wer anders als Europa könnte aus *eigenen* Traditionen die Einsicht, die Energie, den Mut zur Vision schöpfen – alles das, was nötig wäre, um den längst nicht mehr metaphysischen, den metabiologischen Prämissen eines erblindeten Zwangs zur Systemerhaltung und Systemsteigerung die mentalitätsbildende Kraft zu nehmen?«[5]

Große und stolze Worte fürwahr. Indes stellt sich – bei aller Sympathie zur politischen Grundorientierung von Habermas – die Frage, ob die von ihm anempfohlene ›welthistorisch erfolgreiche Identitätsformation‹ nicht ihrerseits die Züge eines ›erblindeten Zwanges‹ besitzt, der immer das schon mit produziert, was dann in kommunikativer Praxis kritisch überwunden werden soll?

Dies ist genau die Frage, die die Theorie der Postmoderne aufwirft. Warum trauern wir eigentlich jener Idee eines – und sei eines noch so kommunikativ vermittelten – Ganzen nach? »Die Postmoderne beginnt dort, wo das Ganze aufhört. Daher tritt sie zum einen Retotalisierungen entgegen – sei es, daß sie in der Architektur das Monopol des Internationenen Stils attackiert oder in der Wissenschaftstheorie mit dem rigiden Szientismus bricht oder politisch sowohl externe wie interne Überherrschungsphänomene angreift. Vor allem nützt sie das Ende des Einen und

4. A.a.O., S. 397f.
5. A.a.O., S. 424f.

Ganzen positiv, indem sie die zutage tretende Vielfalt in ihrer Legitimität und Eigenart zu sichern und zu entfalten sucht. Hier hat sie ihren harten Kern. Aus dem Bewußtsein des unhintergehbaren Wertes der verschiedenen Konzeptionen und Entwürfe (und nicht etwa aus Oberflächlichkeit oder Indifferenz) ist sie radikal pluralistisch. Ihre Vision ist eine *Vision der Pluralität.*«[6]

Der Postmoderne geht es also um die Wahrnehmung und Wahrung jener pluralen Buntheit des Lebens, die wir gegenwärtig allenthalben antreffen.

Nun haben Theologie und Kirche ihre Schwierigkeit gerade mit dieser radikalen Pluralität der Lebensentwürfe und Lebensformen. In der Pluralität theologischer Erkenntnismethoden sieht man wissenschaftliches Laisser-Faire am Werk und wittert die Ersetzung des strengen Diskures durch feuilletonistische Rhetorik. In der Pluralität in Anspruch genommener Lebensformen vermutet man die ethische Indifferenz. Gegenüber der distanzierten Volkskirchlichkeit vieler Menschen klagt man das verbindliche Engagement ein. In dieser Perspektive muß dann das ›postmoderne Leben‹ als eine Fehlentwicklung erscheinen, der Theologie und Kirche nicht entschieden genug entgegengetreten können. In diesem Punkt sind sich eine Dorothee Sölle und evangelikale Theologie durchaus einig.

Gegenüber dieser Haltung der Abwehr, die in einzelnen Fällen vielleicht berechtigt sein mag, möchten die nachfolgenden Überlegungen die neuen Möglichkeiten und Perspektiven erkunden, die sich aus der *Conditio postmoderna* für Theologie und Kirche ergeben. Mit Wolfgang Welsch gesprochen: »Die postmoderne Vielheit ist als grundlegend positives Phänomen zu begreifen. Wer verlorener Einheit nachtrauert, trauert einem – wie immer auch sublimen – Zwang nach. Das Rad der Geschichte ist nicht durch ein Einheitsdekret zurückzudrehen, und die postmoderne Vielheit ist nicht mehr am Maßstab solcher Einheit zu messen.«[7]

6. *Wolfgang Welsch,* a.a.O., S. 39.
7. A.a.O., S. 40. Insofern korrigiere ich ausdrücklich meine zu sehr einheitsorientierte Pauschalkritik, wie ich sie in meinem Aufsatz ›Der Streit um die Moderne und der Ort der Praktischen Theologie‹ [Theologia Practica 22 (1987), S. 5-20] vertreten habe. Vgl. dazu auch die weiterführenden Anmerkungen von Michael Meyer-Blanck, Praktische Theologie und Postmoderne, in: Pastoraltheologie 85 (1996), S. 225-238.

Läßt man sich auf diese Perspektiven ein, so eröffnen sich ebenso anregende wie aufregende neue Horizonte nicht nur für die kirchliche Praxis, sondern auch für die im engeren Sinne theologische Reflexion. Wir können in der Postmoderne nicht weiter so von Gott reden, ›als wäre nichts geschehen‹. Die Postmoderne, und das sehen ihre theologischen Verächter oft deutlicher als ihre theologischen Sympathisanten, berührt Theologie und Kirche nicht beiläufig oder am Rande. Es geht schon ums Ganze – wenn ein solcher Satz ›postmodern‹ denn überhaupt noch gesagt werden kann.

Henning Luther hat dies am Beispiel der menschlichen Rede von Gott deutlich gemacht, wobei Luther sich selbst in einer erkennbaren Äquidistanz zu Moderne und Postmoderne positioniert. Aber vielleicht kann gerade diese Position noch einmal deutlich machen, worum es theologisch im Streit um Moderne und Postmoderne geht: »Vormoderne Predigt lebt von der ungebrochenen Annahme der *Anwesenheit Gottes* (bzw. versucht, diese Annahme auch nach artikulierter Gegenerfahrung zu erneuern). Moderne Predigt antwortet auf den Zweifel an dieser Anwesenheit und später auf die aus der Bestreitung erwachsende Behauptung der *Abwesenheit Gottes*. Spätmoderne Predigt schlägt sich weder auf die Seite derer, die ungebrochen die Anwesenheit Gottes, noch auf die Seite derer, die unbefragt die Abwesenheit Gottes behaupten. Sie hält sich gerade an der Grenze *zwischen* beiden Aussagen auf und versucht, die Differenz zwischen beiden und den Widerspruch fruchtbar zu machen.«[8]

Diese theologische Aufwertung von Differenz und Widerspruch verbindet Henning Luther mit den Grundintentionen der Postmoderne. Und so ist es sicher kein Zufall, daß seine praktisch-homiletisch orientierten Überlegungen sich die *Verbindlichkeit* der Rede von Gott von der Wahrnehmung sprachlicher *Pluralität* erhoffen. Spätmoderne Predigt ist nämlich für ihn »insofern *Predigt*, Dienst am Wort Gottes, als sie die Hoffnung nicht aufgibt, daß in diesem Widerspiel der unterschiedlichen Redeweisen Gott sich zur Sprache bringt. Diese Hoffnung aber ist Befreiung von jener hybrid herkuleischen Last, daß wir Gott zur Sprache bringen – und zwar als einsamer Herold gegen den Rest der Welt. Spätmoderne Predigt versteht sich als ›Anwalt‹ verschiedener Texte, zum

8. *Henning Luther*, Frech achtet die Liebe das Kleine. Spätmoderne Predigten, Stuttgart 1991, S. 13.

Beispiel des biblischen, zum Beispiel des Lebenskontextes der Hörer und Hörerinnen – nicht aber als Anwalt Gottes. Ein Gott, der einen Anwalt bräuchte, wäre eine contradictio in adiecto.«[9]

Auf diese Weise entlastet sind die Theologie und insbesondere die Praktische Theologie zugleich dazu befreit, die Conditio postmoderna zu erkunden: Weder apologetisch noch resignativ, sondern voller Freude an Entdeckungen, voller Lust am Experiment und voller Erwartungen in das, was sich allem praktisch-theologischen Wollen und Können entzieht und doch schon stets am Werk ist.

Dazu bedarf es jedoch einer Präzisierung dessen, was in diesem Buch die Conditio postmoderna genannt wird. Diese Conditio postmoderna ist m.E. vor allem durch drei Entwicklungen bestimmt, nämlich durch die *Individualisierung der Lebenswelten*, durch den *Verdacht gegen die großen Erzählungen* und durch den *Zwang zur Erfindung des eigenen Lebens*. Deshalb sollen zunächst diese die Konturen der Postmoderne bestimmenden Entwicklungen nachgezeichnet werden.

1.2 Die Individualisierung der Lebenswelten

›Ein Gespenst geht um in Europa‹, so könnte man Karl Marx paraphrasieren, ›das Gespenst der Individualisierung. Alle Mächte des alten Europa haben sich zu einer heiligen Hetzjagd gegen dies Gespenst verbündet.‹ Derart emotional und begriffstrategisch hochbesetzte Begriffe wie der Begriff ›Individualisierung‹ haben es an sich, daß sie in ihren inhaltlichen Konturen gerne verschwimmen. Kaum eine Talk-Show, in der das Wort ›Individualisierung‹ nicht auftaucht, kaum eine wissenschaftliche Diskussion, die den Begriff nicht bemüht. Doch nicht immer ist klar, was damit genau gemeint ist. Deshalb soll hier eine erste Klärung versucht werden, welche Veränderungen in Kirche und Gesellschaft mit diesem Begriff benannt werden sollen. Dabei können wir zwei hinsichtlich ihrer Intensität und Dramatik unterschiedene Stadien dieser Veränderung erkennen.

Zum einen ist ›Individualisierung‹ ein Grundzug, der die Neuzeit von Anfang an begleitet. Wenn man so will, hat auch ein Martin Luther, der auf dem Reichstag in Worms sein anekdotisches Wort ›Hier stehe *ich*;

9. Ebd.

ich kann nicht anders‹ gesprochen haben soll, an diesem Prozeß partizipiert. Und die Reformation hat in ihrem geschichtlichen Gesamtverlauf diesen neuzeitlichen Individualisierungsprozeß sicher noch beschleunigt: »Die Aufmerksamkeit der Gläubigen wird zentriert auf Glauben, Buße und Gnade: auf die Unmittelbarkeit des einzelnen zu Gott: Die zyklisch und rituell geordnete Zeit wird in der Konzentration auf die unmittelbare Begegnung mit Gott aufgelöst in eine Kette von Augenblicken der Entscheidung und Bewährung, die zyklisch geordnete Abfolge der Generationen in die Vereinzelung des Individuums vor Gott. Die kleinste Einheit der Sozialität – das Individuum – wird durch das Unmittelbarkeitspostulat tendenziell zur einzigen und damit höchsten Instanz.«[10]

Diese durch religiös-theologische Motive begründete Individualisierung ist durch die dynamische Entwicklung der industriellen Moderne vor allem im 19. Jahrhundert sowohl verstärkt wie beschleunigt worden. Bereits Max Weber hat gezeigt, wie die Bewegungsgesetze der auf kapitalistischer Grundlage verfaßten Industriegesellschaft die einzelnen Menschen immer weiter aus ihren traditionellen Lebensvollzügen herauswinden und sie in neue, nunmehr von ihnen individuell zu gestaltende und zu verantwortende Lebensvollzüge hineinversetzen.[11]

Schon vor Max Weber haben dazu Karl Marx und Friedrich Engels notiert, die gesellschaftliche Entwicklung habe »die buntscheckigen Feudalbande, die den Menschen an seinen natürlichen Vorgesetzten knüpften, unbarmherzig zerissen und kein anderes Band zwischen Mensch und Mensch übriggelassen, als das nackte Interesse ... Alle festen, eingerosteten Verhältnisse mit ihrem Gefolge von altehrwürdigen Vorstellungen und Anschauungen werden aufgelöst, alle neugebildeten veralten, ehe sie verknöchern können. Alles Ständische und Stehende verdampft, alles Heilige wird entweiht, und die Menschen sind ... gezwungen, ihre Lebensstellung, ihre gegenseitigen Beziehungen mit nüchternen Augen zu sehen.«[12]

Diese Sätze sind im Jahre 1848 geschrieben. Sie holen uns erst heute mit ihrer vollen Wucht ein. Die Massen, die im 19. Jahrhundert vom Land in die großen Städte fliehen – Wirtschaftsflüchtlinge zweifelsoh-

10. *Hans-Georg Soeffner,* Die Ordnung der Rituale, Frankfurt 1992, S.3 7.
11. Vgl. dazu *Max Weber,* Wirtschaft und Gesellschaft, 3. Aufl., Tübingen 1972.
12. *Karl Marx/Friedrich Engels,* Manifest der Kommunistischen Partei, Peking 1969, S. 35ff.

ne –, sehen sich dort einem anonymen und unübersichtlichen Beziehungsgeflecht ausgesetzt. Und keine überkommenen Traditionen und Lebensstile gewähren in dieser neuen Welt dauerhafte Orientierung.

Der von Norbert Elias so kenntnisreich wie präzis beschriebene »Prozeß der Zivilisation«[13] war stets auch ein Prozeß der Individualisierung, der sich bis in die Kleinigkeiten des Alltags hinein beobachten läßt.[14] Vieles, was wir heute als ganz selbstverständlichen Bestandteil unserer alltäglichen Lebenskultur hinnehmen, verdankt sich erst diesem Prozeß der Individualisierung. In der Familie wird, anders als dies über Jahrhunderte hinweg selbstverständlich war, nicht mehr aus *einer* Schüssel gegessen, sondern jedes Familienmitglied bekommt seinen eigenen Teller. Ebenso wird das traditionelle *eine* Familienbett durch einzelne Betten ersetzt. Im 18. Jahrhundert entstehen in Frankreich die ersten modernen Restaurants in unserem Sinne mit Einzeltischen und Menuwahl anstelle der alten table d'hote mit dem einheitlichen Essen für alle. Virginia Woolf fordert an der Schwelle vom 19. zum 20. Jahrhundert für jede Frau das Recht auf ein einzelnes, nur ihr zur Verfügung stehendes Zimmer. Auch die Frauenemanzipation ist in den Individualisierungsprozeß insgesamt eingezeichnet.

Auf diese Weise sind von den sich verstärkenden und sich beschleunigenden Individualisierungsprozessen des 19. Jahrhunderts nicht allein die proletarischen Massen betroffen, sondern gerade auch die privilegierten Bevölkerungsschichten stehen vor dem Zwang individuell zu gestaltender und individuell zu verantwortender Lebensorientierung, ohne dabei von unbestrittenen, aus der Tradition überkommenen und an humanen Bedürfnissen orientierten Normen geleitet zu sein. Diesen Vorgang hat Werner Sombart in seiner Studie »Der Bourgeois« aus dem Jahre 1913 eindrücklich beschrieben. Sombart stellt dort fest: Wir stoßen »auf eine seltsame Verschiebung in der Stellung des Menschen zu den im engeren Sinne persönlichen Werten: eine Verschiebung, die mir für die gesamte übrige Lebensgestaltung von entscheidender Bedeutung geworden zu sein scheint. Ich meine die Tatsache, daß der lebendige Mensch mit seinem Wohl und Wehe, mit seinen Bedürfnissen und Anforderungen aus dem Mittelpunkte des Interessenkreises herausgedrängt

13. Vgl. dazu *Norbert Elias,* Der Prozeß der Zivilisation, 2. Aufl., Frankfurt 1976.
14. Vgl. dazu auch *Dieter Hoffmann-Axthelm,* Die dritte Stadt. Bausteine eines neuen Gründungsvertrags, Frankfurt 1993. S. 109-113.

worden ist, und daß seine Stelle ein paar Abstrakta eingenommen haben: der Erwerb und das Geschäft. Der Mensch hat also, was er bis zum Schlusse der frühkapitalistischen Epoche geblieben war, aufgehört, das Maß aller Dinge zu sein.«[15]

Von dieser ersten – sich über Jahrhunderte erstreckenden – Phase der Individualisierung ist nun das zu unterscheiden, was die Soziologie gegenwärtig mit dem Begriff der Individualisierung zu beschreiben versucht, wiewohl diese gegenwärtige Phase der forcierten Individualisierung durch die industriegesellschaftliche Moderne mit vorbereitet ist.

Der nunmehr neu profilierte Begriff der *Individualisierung der Lebenswelten* ist vor allem von dem Münchner Soziologen Ulrich Beck geprägt und inhaltlich bestimmt worden.[16] Dabei ist zunächst einmal wichtig, was dieser Begriff nicht in erster Linie meint. Er meint zunächst nicht die gesellschaftliche Zerklüftung kultureller Milieus oder die gesellschaftliche Vereinsamung der einzelnen Menschen. Das alles sind bereits Erscheinungsformen der klassischen industriegesellschaftlichen Moderne, wie sie schon ein Max Weber und Werner Sombart im Blick hatten. Der Begriff der Individualisierung hat vielmehr seine eigentliche Stoßrichtung darin, zu zeigen, daß gegenwärtig immer mehr Aufgaben an das Individuum delegiert werden, die bisher noch von Traditionen und Institutionen übernommen wurden. Ulrich Beck dazu: »Die Industriegesellschaft setzt Ressourcen von Natur und Kultur voraus, auf deren Existenz sie aufbaut, deren Bestände aber im Zuge einer sich durchsetzenden Modernisierung aufgebraucht werden. Dies trifft auch auf kulturelle Lebensformen (z.B. Kleinfamilie und Geschlechtsordnung) und soziale Arbeitsvermögen zu (z.B. Hausfrauenarbeit, die zwar nicht als Arbeit anerkannt war, gleichwohl aber die Erwerbsarbeit des Mannes erst ermöglicht hat).

Dieser Verbrauch der kollektiven oder gruppenspezifischen Sinnreservoire (z.B. Glauben, Klassenbewußtsein) der traditionalen Kultur (die mit ihren Lebensstilen und Sicherheitsvorstellungen noch bis weit in das 20. Jahrhundert hinein auch die westlichen Demokratien und Wirt-

15. *Werner Sombart,* Der Bourgeois. Zur Geistesgeschichte des modernen Wirtschaftsmenschen, Reinbek 1988, S. 167.
16. Vgl. dazu vor allem *Ulrich Beck,* Die Erfindung des Politischen. Zu einer Theorie reflexiver Modernisierung, Frankfurt 1993; *Ders.,* Eigenes Leben. Ausflüge in die unbekannte Gesellschaft, München 1995.

schaftsgesellschaften gestützt hat) führt dazu, daß alle Definitionsleistungen den Individuen zugemutet werden.

Chancen, Gefahren, Ambivalenzen der Biographie, die früher im Familienverband, in der dörflichen Gemeinschaft, im Rückgriff auf ständische Regeln oder soziale Klassen bewältigt werden mochten, müssen nun von den einzelnen selbst wahrgenommen, interpretiert und bearbeitet werden. Chancen und Lasten der Situationsdefinition und -bewältigung verlagern sich damit auf die Individuen, ohne daß diese aufgrund der hohen Komplexität der gesellschaftlichen Zusammenhänge noch in der Lage sind, die damit unvermeidlichen Entscheidungen fundiert, in Abwägung von Interesse, Moral und Folgen verantwortlich treffen können.«[17]

Diese These Becks sei an drei Beispielen konkretisiert:

- Was eine *partnerschaftliche Beziehung* sein soll und was sie trägt, muß heute in der Regel von den Beteiligten selbst ausgehandelt werden. Früher gab es die klar verteilten Rollen und eine feste zeitliche Strukturierung des Verlaufs einer Ehe: der Mann geht in der Regel der Erwerbsarbeit nach, die Frau führt den Haushalt und übernimmt die Erziehung der Kinder. Nach einer frühen Phase der ökonomischen Grundlegung der Ehe folgte in der Regel die Geburt der Kinder, der im Alter eines Paares die kinderlose Zeit folgte, in der dann in der Regel ›Großelternpflichten‹ übernommen wurden. Heute ist eine partnerschaftliche Beziehung in ihrer Struktur und inhaltlichen Ausrichtung sehr viel ›offener‹: berufliche Karrieren beider Partner/innen, Freizeitbedürfnisse, gesellschaftliche Engagements sind sorgfältig aufeinander abzustimmen. Ein Wunsch nach Kindern wird oft erst nach einer langen Reihe von gemeinsam erlebten und durchlittenen Jahren realisiert, usw. Dies alles macht eine Ehe heute sehr viel anfälliger, wenn man so will risikoreicher als in früheren Zeiten. Gleichzeitig steigen die Erwartungen an eine gelingende Partnerbeziehung, von der nicht selten alles Glück auf Erden erhofft wird.
- Eine ähnliche Pluralisierung und Individualisierung bestimmt heute auch die *beruflichen Orientierung* der Menschen. Dies läßt sich bereits an der zeitlichen Dehnung des Eintritts in das Berufsleben ablesen. Beginnen die einen ihre berufliche Laufbahn mit der Beendi-

17. *Ulrich Beck,* Die feindlose Demokratie. Ausgewählte Aufsätze, Stuttgart 1995, S. 32.

gung der Hauptschulzeit, also weit vor dem zwanzigsten Lebensjahr, so beginnt bei anderen der Start ins Berufsleben nach einem langen Studium manchmal erst in der Mitte des dritten Lebensjahrzehnts. In nicht seltenen Fällen treten Kinder nur wenige Jahre nach den Eltern ins Berufsleben ein. Gleiche pluralisierende Entwicklungen lassen sich auch für die Beendigung der Berufstätigkeit erkennen. Gravierender jedoch als diese Pluralisierung der zeitlichen Strukturen ist die Individualisierung des qualitativen Gehaltes, dessen was wir *noch* ›Beruf‹ nennen. Man hat – dies ist beinahe schon eine Binsenweisheit – immer weniger einen Beruf fürs Leben. Berufsbegleitende Qualifizierungen und – freiwillige oder erzwungene – Arbeitsplatzwechsel bringen eine früher nicht gekannte Bewegung in das berufliche Leben. Zunehmend leben Menschen in beruflichen Mehrfachverhältnissen: Man/frau arbeitet zwei Tage im Büro, drei Vormittage als Haushaltshilfe und am Wochenende als Kellner/in.

- Durch die Pluralisierung und Individualisierung werden aber nicht allein die ›gesellschaftlichen‹ Verhältnisse der Menschen bestimmt, sondern zunehmend auch das, was wir eher als die ›natürlichen‹ Verhältnisse von Menschen anzusehen geneigt sind. Am deutlichsten wird dies wohl darin, wie Menschen heute das pflegen und gestalten, was wir mit dem unschönen Begriff ›*sexuelle Orientierung*‹ zu bezeichnen uns angewöhnt haben. Die Unsicherheit unserer Sprache verweist jedoch darauf, von welch rasantem Wandel unserer Lebensverhältnisse wir betroffen sind. Ähnliches läßt sich beim ›*Alt-Werden*‹ von uns Menschen beobachten. Früher war die Sache klar, das Alter begann mit dem Ausscheiden aus dem Erwerbsleben und dem Eintritt ins Rentenalter. ›Rentner werden‹ und ›alt werden‹ waren in der sprachlichen Konnotation beinahe identisch. Dies ist heute anders. Ist jemand, der mit 55 Jahren seinen Vorruhestand antritt, alt? Wie ist es mit der 70-jährigen Frau, die weiterhin in ihrem Beruf als Therapeutin arbeitet? Es wird immer schwerer, ›Alt-Werden‹ an gesellschaftlich objektiven Tatbeständen oder am Verhalten der einzelnen Menschen festzumachen. Auch das Alt-Werden individualisiert sich heute in einem rasanten Ausmaß.

Bei diesen von Ulrich Beck und anderen beschriebenen forcierten Individualisierungsprozessen sind vor allem drei Punkte von Bedeutung:

Zum einen ist die Tendenz zur Individualisierung in einer objektiven gesellschaftlichen Entwicklung verankert. Es ist also nicht so, daß die

Menschen zu einem bestimmten Zeitpunkt plötzlich beschlossen hätten, nun treten wir in das Stadium der Individualisierung ein. Individualisierung ist heute nicht Sache der Wahl, sondern gesellschaftlicher Zwang. In Abwandlung einer Formulierung Sartres könnte man sagen, die Menschen heute sind zur Individualisierung verdammt.

Deshalb helfen nun zweitens auch Appelle nichts, von der Individualisierung wegzukommen. Gerade im kirchlichen Kontext sind solche Appelle oft zu hören. Aber es ist naiv, etwa – um nur ein Beispiel zu nennen – in die Strukturen kleinfamiliarer Lebenswelt ungebrochen hineinzurufen, ohne zu sehen, daß diese Struktur vieles von dem, was sie über Jahrhunderte hinweg geleistet hat, heute nicht mehr ohne weiteres zu leisten vermag.

Damit hängt nun drittens zusammen, daß der Trend zur Individualisierung hohe Anforderungen an die Menschen stellt, die nicht selten zu Überforderungen werden. Eigentlich müßten wir alle in einem langen Lernprozeß auf das Zeitalter der Individualisierung vorbereitet werden. Diese Zeit aber haben wir nicht. Wir sind in das Zeitalter der Individualisierung hineinkatapultiert, ohne darauf vorbereitet zu sein.

Daß diese Individualisierungsprozesse gerade auch in der kirchlichen Praxis Konsequenzen haben, zeigen folgende Beispiele:

Eine Gemeinde entdeckt, daß weit über die Hälfte ihrer Gemeindeglieder in Single-Haushalten leben, der größte Teil des Gemeindeangebots sich bisher jedoch an Familien richtet. Eine Neuorientierung der Gemeindearbeit an den Bedürfnissen allein lebender Menschen stößt auf ein unerwartet großes Interesse. Die Gemeinde lernt: Traditionelle Leitbilder von Gemeindearbeit können an der Lebenswelt der Gemeindeglieder völlig vorbei gehen.

Ein Pfarrer wundert sich, daß eine Neuregulierung der Öffnungszeiten des Kindergartens auf massiven Widerstand stößt. Er vermutet dahinter zunächst eine allgemeine Aufsässigkeit gegen institutionelle Notwendigkeiten. In mehreren Einzelgesprächen erfährt er, daß die Frage, wer die Kinder wann in den Kindergarten bringt und wieder von dort abholt, von den Ehepartnern in einem diffizilen Plan in Abwägung von beruflichen Pflichten und Regelung der Freizeit ›geordnet‹ wurde. Die plötzliche Änderung der Öffnungszeiten des Kindergartens – früher eine Routineangelegenheit – bringt die ganze Familienarchitektonik ins Wanken. Von daher kann der Pfarrer den Widerstand gegen eine Neuregulierung sehr viel besser verstehen. Die neuen Öffnungszeiten werden nun zusammen mit allen Beteiligten in Abwägung aller Interessen neu ausgehandelt.

Eine städtische Gesamtkirchengemeinde erstellt ein Gesamtkonzept gottesdienstlicher Profile. Nicht mehr der parochiale Gemeindegottesdienst für alle ist das Leitbild, sondern die Herausbildung religiös-liturgischer Modelle. In der einen Kirche findet in der Regel ein ›traditioneller‹ Gottesdienst statt, in der anderen Kirche eine Stunde der Kirchenmusik, während in eine dritten Kirche zu eher experimentellen Gottesdiensten eingeladen wird. Die Beteiligten wundern sich, daß trotz dieser Vielfalt der Gottesdienste im Laufe der Zeit doch eine einheitliche Gottesdienstkultur in der Stadt entsteht. Vielfalt und Einheit sind keine Gegensätze. Eine gottesdienstliche Einheit vor Ort ist wohl zunehmend nur von einer Vielfalt der Gottesdienste zu erwarten.

Diese wenigen Beispiele zeigen, daß die Individualisierung der Lebenswelten keine Bedrohung der kirchlichen Arbeit schlechthin darstellen muß. Im Gegenteil, hier tun sich neue Möglichkeiten auf, die ergriffen und gestaltet werden wollen. Zugleich zeigen die Beispiele auch, daß die Individualisierung der Lebenswelten für die kirchliche Praxis eine Herausforderung an die Phantasie, das theologische Wissen und das methodische Können der kirchlichen Mitarbeiterinnen und Mitarbeiter bedeutet, der es sich entschlossen zu stellen gilt.

1.3 Der Verdacht gegen die großen Erzählungen

Das Stichwort der ›großen Erzählung‹ oder der ›Meta-Erzählung‹ stammt aus der kleinen, im Jahre 1979 erschienenen Schrift ›La condition postmoderne‹ von Jean-François Lyotard. Diese Schrift ist zur Programmschrift der philosophischen Postmodernediskussion geworden und erschien im Jahre 1986 unter dem Titel ›Das postmoderne Wissen‹ in deutscher Übersetzung.

Was versteht Lyotard unter einer ›Meta-Erzählung‹, einer ›großen Erzählung‹? Hierzu gehören alle jene Theorie-Gebäude, die den Anspruch erheben, uns die Welt von eben jenen Theoriegebäuden aus gültig und umfassend zu erklären und von einer solchen vereinheitlichenden Erklärung her das menschliche Handeln zu verpflichten. Lyotard nennt in diesem Zusammenhang vor allem die Meta-Erzählung der Aufklärung von der Emanzipation der Menschen, die Meta-Erzählung der idealistischen Philosophie von der Teleologie des Geistes, wie sie bei Hegel ihre äußerste Zuspitzung erfährt und im Marxismus-Leninismus ihre materialistische Fortsetzung findet, und die Metaerzählung des Historismus, wie sie vor allem in der geisteswissenschaftlichen Hermeneutik ihre Ausprägung gefunden hat. All diese Meta-Erzählungen haben nach Lyotard in der Postmoderne ihre Glaubwürdigkeit verloren. Er kann zugespitzt sagen, daß Postmoderne schlicht bedeute, daß man diesen Großtheorien keinen Glauben mehr schenke.[18]

Zeitlich weit vor dieser Analyse Lyotards, läßt sich – zumindest in Europa – das Ende der großen Erzählungen beobachten. Denn der Verdacht gegen die großen Erzählungen speist sich aus einer fundamentalen historischen Erfahrung. Europa hat die Schwelle vom 19. zum 20. Jahrhundert mit einem ungestümen kulturell-politischen Optimismus überschritten. Das Pathos des aufklärerisch-revolutionären Fortschrittsgedankens war weit verbreitet. Es begegnet uns etwa in Adolf von Harnacks berühmter Vorlesung über das ›Wesen des Christentums‹ aus dem Wintersemester 1899/1900. Diese Vorlesung endet mit folgenden Worten: »Wenn wir ... mit festem Willen die Kräfte und Werte bejahen, die auf den Höhepunkten unseres inneren Lebens als unser höchstes Gut, ja als unser eigentliches Selbst ausstrahlen, wenn wir den Ernst und den Mut haben, sie als das Wirkliche gelten zu lassen und nach ihnen das Leben einzurichten, und wenn wir dann auf den Gang der Geschichte der Menschheit blicken, ihre aufwärts sich bewegende Entwicklung verfolgen und strebend und dienend die Gemeinschaft der Geister in ihr aufsuchen – so werden wir nicht in Überdruß und Kleinmut versinken, sondern wir werden Gottes gewiß werden, des Gottes, den Jesus Christus seinen Vater genannt hat, und der auch unser Vater ist.«[19]

Dieses Pathos und die sie tragenden Erfahrungen und Emotionen haben auf den Schlachtfeldern bei Verdun, an der Somme und an der Marne erste Risse erhalten, und sie sind wohl endgültig zerbrochen angesichts von Auschwitz und dem Archipel Gulag. In diesen Brechungen läßt sich die Geschichte der Neuzeit auf einer doppelten Linie zeichnen: als die Geschichte eines technisch-sozialen Fortschritts ebenso wie als die Geschichte des neuzeitlichen Titanismus, dessen wahres Antlitz sich

18. Vgl. dazu *Jean-François Lyotard,* Das postmoderne Wissen. Ein Bericht, Graz/Wien 1986, S. 14.

19. *Adolf von Harnack,* Das Wesen des Christentums, Leipzig 1929, S. 189.

in Faschismus und Stalinismus enthüllt hat. Dabei erscheinen ›Faschismus‹ und ›Marxismus-Leninismus‹, aber auch ›Wissenschaft‹ und ›Technik‹ als solche Groß-Erzählungen im Sinne Lyotards, die Voraussetzung wie Medium dieses neuzeitlichen Titanismus sind. Und es stellt sich dann auch sofort die Frage ein, wie das ›Christentum‹ – seinerseits eine solche geschichtsprägende Groß-Erzählung – in die Mechanismen der neuzeitlichen Groß-Erzählungen einbezogen und verwoben ist.

Der Verdacht gegen die Groß-Erzählungen ist also in den Erfahrungen unseres Jahrhunderts begründet. Deshalb meldete sich dieser Verdacht auch schon viel früher und auf andere Weise an als der postmoderne Verdacht. Der postmoderne Verdacht gegen die Groß-Erzählungen hat seine Vorgeschichte in der Ästhetik der klassischen Moderne. In diesen Zusammenhang gehört das Zerbrechen der Zentralperspektive durch den Kubismus und seine Vorläufer in der Bildenden Kunst, das Transzendieren der sprachlichen Strukturen und Grammatiken durch den Dadaismus, die Ersetzung der klassischen Harmonik durch die Harmonik der Zwölfton-Reihe bei Arnold Schönberg. Es ist kein Zufall, daß diese neuen kulturellen Strömungen im engen Zusammenhang mit der Krisenerfahrung vor und nach dem Ersten Weltkrieg stehen.

Kulturkonservative Kritiker konnten darin nur einen Zerfall sehen, der einen unverbringlichen ›Verlust der Mitte‹ mit sich bringe. Diese Position finden wir geistreich und pointiert bei Hans Sedlmayr (1896-1984) formuliert: »Die Kunst strebt fort von der Mitte. Das gilt sowohl von den Aufgaben der Kunst wie von dem Verhältnis der Kunstarten zueinander, in dem die Plastik ihre mittelnde Stellung einbüßt, wie von den Ideen und Themen, denen sich die Kunst mit Vorliebe zuwendet. Es gilt ebenso wie für den Zustand der Künste im ganzen von der Auffassung, die man jetzt vom Wesen der Kunst hat, es gilt im kleinen für das einzelne Kunstwerk. Die Kunst wird – in jedem Sinne des Wortes – ex-zentrisch. Der Mensch will fort von der Kunst, die ihrem Wesen nach ›Mitte‹ zwischen dem Geist und den Sinnen ist. Die Kunst strebt fort von der Kunst, an der sie ebensowenig Genüge hat wie der Mensch am Menschen. Indem sie zu einer Überkunst strebt, stürzt sie oft in Unterkünstlerisches ab. Die Kunst strebt fort vom Menschen, vom Menschlichen und vom Maß. All diese Symptome aber sind symbolischer Ausdruck für analoge Tendenzen im Menschen überhaupt. Nicht nur in der Kunst will der Mensch fort von der ›Mitte‹, fort vom Menschen. Und gerade diese Tendenz wird von den Phänomenen der modernen Kunst so scharf beleuchtet und durchleuchtet wie kaum von irgendwelchen anderen Tatsachen.«[20] Wenn man vom schrillen und deshalb auch verzeichnenden Ton Sedlmayrs absieht, haben diese Sätze aber durchaus Richtiges im Blick. Es ist in der Tat so, daß die moderne Kunst ihre Schwierigkeit mit der Mitte hat. Nur wurden diese Mitte, das Maß und das Menschliche nicht, wie Sedlmayr suggeriert, von der Kunst verraten, sondern diese Mitte, das Maß und das Menschliche gingen in den Schlachtfeldern des Ersten Weltkriegs, im Archipel Gulag, in Auschwitz verloren. Diese ›verlorene Mitte‹ thematisiert auch die Kunst der sogenannten klassischen Moderne.

Allerdings sind die Künstler der klassischen Moderne weitaus mehr der Mitte und dem Maß verbunden, als dies Hans Sedlmayr wahrnimmt. Ein Cézanne oder ein Picasso zerbrechen traditionelle Sehgewohnheiten und Darstellungsweisen auf der Suche nach der neuen *gültigen* Form. Der Dadaismus fragt nach der neuen *einen* Sprache hinter der Sprache. Die Zwölftonkomposition intoniert eine neue *verbindlich gestaltete* Harmonik. Deshalb gehören diese kulturellen Bestrebungen in die Vorgeschichte der Postmoderne. Sie spüren, daß die Groß-Erzählungen brüchig geworden sind, sie träumen jedoch noch von neuen möglichen Groß-Erzählungen. Die Postmoderne ist dort erreicht, wo dieser Traum ausgeträumt ist. Die ans Ende gekommene Plausibilität der großen Erzählungen bedeutet für die Postmoderne weniger einen beklagenswerten Verlust, sondern wird erfahren als freier Raum, in dem eine Fülle und Buntheit neuer möglicher kleiner Erzählungen vom Menschen und seiner Welt möglich werden, ohne den Restriktionen einer normierenden Groß-Erzählung unterworfen zu sein. Dies ist der authentische Sinn des oft zitierten, aber wenig begriffenen Wortes vom »anything goes«, daß der Philosoph Paul Feyerabend geprägt hat.[21]

»Die Sehnsucht« – so stellt Lyotard fest – »nach der verlorenen Erzählung ist für den Großteil der Menschheit ausgeträumt«.[22] In einem nachdenklichen Gespräch nach der Wende hat ein langjähriges Mitglied der SED, das sich sehr selbstkritische Fragen nach der eigenen Biographie stellte, den Satz gesagt: »Wenn ich aus all dem Eines gelernt habe, dann dies, daß ich mich nie mehr in meinem Leben auf etwas einlasse,

20. *Hans Sedlmayr,* Verlust der Mitte. Die Bildende Kunst des 19. und 20. Jahrhunderts als Symptom und Symbol der Zeit, 10. Aufl., Frankfurt/Berlin/Wien 1984, S. 148.
21. Vgl. dazu *Paul Feyerabend,* Erkenntnis für freie Menschen, Frankfurt 1980.
22. *Lyotard,* a.a.O., S. 122

das einen totalen Anspruch auf mich erhebt.« Was hier in reflektierter und pointierter Form gesagt wurde, bringt zugleich einer weniger reflektierten, gleichwohl weit verbreiteten Haltung heute zum Ausdruck. ›Laß mich mit den größen Erzählungen in Ruhe‹ – dies ist das Credo vieler Menschen in der Postmoderne. Dieser Satz enthält sicher vieles an Abwehr und Bequemlichkeit. Zugleich basiert dieser Satz – wie gesagt – je doch auf einem realen Erfahrungsgehalt unseres Jahrhunderts. Dem Ende der großen Erzählungen wohnt so eine gewisse Ambivalenz inne. Gleichwohl hat zumindest Lyotard darauf beharrt, daß mit dem Ende der großen Erzählungen nicht das ethische Verhalten von Menschen an sein Ende gekommen ist. Es gibt durchaus eine Ethica postmoderna in Gestalt einer Politik, »in der der Wunsch nach Gerechtigkeit und der nach Unbekanntem gleichermaßen respektiert sein werden«[23].

Diesem ethischen Gehalt der Postmoderne spürt auch der an der Universität Leeds in Großbritannien lehrende Soziologe und Philosoph Zygmunt Bauman nach. Sein Interesse gilt der Entwicklung einer postmodernen Ethik, die sich vom traditionell aufklärerischen ethischen Paradigma der Toleranz, wie es etwa Gotthold Ephraim Lessing in seinem Schauspiel ›Nathan der Weise‹ eindrücklich gezeichnet hat, unterscheiden muß: »Toleranz als ›bloße Toleranz‹ ist zum Tode verurteilt; sie kann nur in der Form der Solidarität überleben. Es würde einfach nicht ausreichen, zufrieden zu sein, daß die Differenz des anderen meine eigene nicht einschränkt oder schadet – da einige Differenzen anderer allzu offensichtlich entschlossen sind, einzuschränken und zu schaden. Überleben in der Welt der Kontingenz und Diversität ist nur möglich, wenn jede Differenz die andere Differenz als notwendige Bedingung der Bewahrung ihrer eigenen anerkennt. Solidarität bedeutet, im Unterschied zur Toleranz, ihrer schwächeren Version, die Bereitschaft zu kämpfen; und an der Schlacht teilzunehmen um der Differenz des andern willen, nicht der eigenen. Toleranz ist ich-zentriert und kontemplativ; Solidariät ist sozial orientiert und militant. Wie alle anderen menschlichen Situationen hat die postmoderne Toleranz und Diversität ihre Gefahren und Ängste. Ihr Überleben ist nicht garantiert – weder durch einen Plan Gottes, die universale Vernunft, die Gesetze der Geschichte oder irgendeine übermenschliche Kraft. In dieser Hinsicht unterscheidet sich die postmoderne Lage natürlich überhaupt nicht von

23. Ebd., S. 193.

allen anderen Lagen: sie unterscheidet sich lediglich dadurch, daß sie sich dessen aufgrund ihres Wissens bewußt ist, daß sie ohne Garantie lebt, daß sie auf sich selbst gestellt ist. Dies macht sie äußerst ängstlich. Und dies gibt ihr auch ihre Chance.«[24]

Theologie und Kirche stehen an dieser Stelle vor einer spezifischen Herausforderung. Denn ganz zweifellos gehört das, was wir ›Christentum‹ nennen, zu den großen Erzählungen, deren Ende die Theoretiker der Postmoderne verkünden. Zudem hat sich die Großerzählung ›Christentum‹ immer wieder mit anderen Großerzählungen in einer höchst problematischen Weise verbunden. In den Hexenverfolgungen ist die Großerzählung ›Christentum‹ am Werk im Verein mit der Großerzählung ›Patriarchat‹. In der beginnenden Neuzeit verschwistern sich die protestantische Erzählung von der ›Prädestination‹ mit der neu entstehenden Erzählung vom ›Merkantilismus‹ zu dem, was Max Weber die Großerzählung von ›Protestantischer Ethik und Geist des Kapitalismus‹ genannt hat.[25] Die Großerzählung ›Mission‹ hat sich zeitweise verbündet mit der agressiven Großerzählung von der ›kulturellen Überlegenheit Europas über die anderen Teile der Welt‹. Von daher kann es nicht verwundern, daß für viele Menschen das Ende der Groß-Erzählung Christentum weniger als beklagenswerter Verlust, sondern als Befreiung empfunden wird. Diese Wahrnehmung und Empfindung gilt es ernst zu nehmen. Gleichwohl wäre es für Theologie und Kirche töricht, dieser Wahrnehmung und Empfindung einfach unreflektiert nachzugeben. Es gilt vielmehr, differenziert darauf zu antworten.

Wie sähe eine solche differenzierte und reflektierte theologische Antwort auf die Rede vom Ende der großen Erzählungen aus? Zunächst ist schlicht festzustellen, daß es in der Tat Sinn macht, auch das ›Christentum‹ als eine Groß-Erzählung im Sinne der Theoretiker der Postmoderne zu verstehen. Zugleich ist unbestreitbar, daß auch in die Groß-Erzählung ›Christentum‹ wie in die meisten Groß-Erzählungen eine Ambivalenz eingeschrieben ist. So wie die Groß-Erzählung ›Technik‹ den Menschen große Erleichterungen hinsichtlich des Einsatzes menschlicher Arbeitskraft beschert hat und zugleich mit neuen, bisher nicht gekann-

24. *Zygmunt Bauman,* Moderne und Ambivalenz. Das Ende der Eindeutigkeit, Frankfurt 1995, S. 312f.
25. Vgl. dazu *Max Weber,* Die protestantische Ethik I, 3. Aufl., Hamburg 1973, bes. S. 27-317.

ten Gefahren konfrontiert. Zur Groß-Erzählung ›Technik‹ gehört die computergesteuerte Produktion ebenso wie Tschernobyl. Die gleiche Ambivalenz kennzeichnet das Wissen, das dieses technische Können begleitet. Wir wissen heute mehr über die Conditio humana als alle Generationen vor uns. Zugleich wachsen damit die Möglichkeiten, über die Conditio humana zu verfügen und manipulativ in sie einzugreifen.

Eine solche Ambivalenz ist auch in die Groß-Erzählung ›Christentum‹ eingeschrieben. Sie hat – spätestens seit der Konstantinischen Wende – Herrschaft begründet und stabilisiert. Aber sie hat auch in der europäischen Geschichte immer wieder neue Freiheitsräume eröffnet. Dies zeigt nicht zuletzt die gegenwärtig wieder hochaktuell gewordene Diskussion um die Menschenrechte. Es ist kein Zufall, daß der Menschenrechtsgedanke sich im Kontext der Groß-Erzählung ›Christentum‹ entfaltet hat. Auch dort, wo die Menschenrechte immer wieder gegen Theologie und Kirche erkämpft werden mußten, haben Menschen im Kampf für die Menschenrechte sich stets auf Motive berufen und gestützt, die ganz eindeutig der Groß-Erzählung ›Christentum‹ entstammen.

Über die Anerkennung dieser Ambivalenz der Groß-Erzählung ›Christentum‹ hinaus, gibt es aber noch ein weiteres, spezifisch reformatorisches Motiv, das den postmodernen Einspruch gegen die Groß-Erzählungen insgesamt in ein theologisches Licht rückt. Zwar hat Martin Luther auf seinem Sterbebett sehr eindrücklich von der ›Aeneis Gottes‹ gesprochen, die in der Bibel aufgezeichnet ist. Diese ›Aeneis Gottes‹, die Gottesgeschichte mithin, muß – so hat es Luther in seiner eigenen Biographie erfahren – der Überformung durch die menschlichen Groß-Erzählungen immer wieder entrissen werden. Die menschlichen Groß-Erzählungen, sei es die des katholischen Primats des Papstes oder die des protestantischen Bündnisses von Thron und Altar, überformen und verformen diese Gottesgeschichte immer wieder aufs neue. Luther hat nun erkannt, daß die lebendige und authentische Gottesgeschichte nur im Einspruch und Widerspruch gegen alle großerzählerischen Überformungen zu hören und zu erzählen ist. Der postmoderne Einspruch gegen die Groß-Erzählungen kann in dieser Hinsicht in dem reformatorischen Einspruch einen Bündnispartner gewinnen, wenn dies auch ein sehr spröder und widerspenstiger Bündnispartner sein dürfte. Zugleich erwächst aus diesem Bündnis von Postmoderne und reformatorischer Erkenntnis die Aufgabe, die postmoderne Rede vom Ende der großen Erzählungen auf eine spezifische Weise aufzunehmen und zu gestalten.

1.4 Die Erfindung des eigenen Lebens

Wo den Menschen die großen Erzählungen, ja bereits schon die pure Sehnsucht nach diesen großen Erzählungen, abhanden gekommen sind, sind sie auf eine unüberbietbare Art und Weise auf sich selbst zurückgeworfen. Wo sich das Leben nicht mehr selbstverständlich im Kontext einer vorgegebenen Groß-Erzählung reflektieren und entfalten läßt, wird die Erfindung des eigenen Lebens zu einer Aufgabe, die sich Tag für Tag aufs Neue stellt.

Leben vollzieht sich heute für viele Menschen nicht mehr im Reflexions- und Handlungsraum einer Groß-Erzählung, sondern das Leben besteht aus den vielfältigen und oft auch zwiespältigen kleinen Geschichten, den stories, die der Alltag mit sich bringt und die immer wieder aufs Neue erlebt, reflektiert und gestalterisch bewährt werden müssen. Deshalb gibt es immer weniger das, was wir eine Normalbiographie nennen können. Eine Frau, im Jahre 1880 in Oberammergau als Tochter eines Schreiners geboren wurde, konnte wissen, welchen biographischen Verlauf (von einzelnen Ausnahmen abgesehen) ihr Leben nehmen sollte und in der Regel auch nahm. Dies galt in gewisser Hinsicht sicher auch für den Professorensohn in Berlin-Dahlem. Geschlechtsrolle, Berufserwartungen, schichtspezifische Kulturwerte – all dies gab den individuellen Biographien ihre Struktur vor. Heute ist das anders geworden. Aus vorgegebenen Normalbiographien werden nun Wahlbiographien, mit allem was dies an Anmutungen und Zumutungen mit sich bringt.

Dabei wird eine gewisse Doppeldeutigkeit dieser Nötigung zur Erfindung des eigenen Lebens deutlich: Sie sind Befreiung von biographischer Festgelegtheit und Nötigung zu biographischer Konstruktion gleichermaßen. Dies heißt: Das Leben ist zum Projekt geworden. Der amerikanische Soziologe Peter L. Berger hat diesen Prozeß mit folgenden Worten beschrieben: »Die Moderne bedeutet für das Leben des Menschen einen riesigen Schritt weg vom Schicksal hin zur freien Entscheidung. Nun kann man sagen, daß es sich bei den zu treffenden Entscheidungen in vielen Fällen um triviale Entscheidungen handelt und daß der Zuwachs an Freiheit seinen Preis hat. Aufs Ganze gesehen gilt jedoch, daß das Individuum unter den Bedingungen des modernen Pluralismus nicht nur auswählen kann, sondern daß es auswählen *muß*. Da es immer weniger Selbstverständlichkeiten gibt, kann der Einzelne nicht mehr auf fest etablierte Verhaltens- und Denkmuster zurückgreifen, sondern muß sich nolens volens für die eine und damit gegen eine andere Möglichkeit entscheiden. Damit wird er zu einem freien Menschen, wie es ihn in früheren Geschichtsepochen allenfalls ansatzweise gab. Sein Leben wird ebenso zu *einem Projekt* – genauer, zu einer Serie von Projekten – wie seine Weltanschauung und seine Identität.«[26]

Der Mensch ist unter den Bedingungen der Postmoderne also weniger der Mensch inmitten einer homogenen Geschichte, die auf eine sich von selbst einstellende Identität ausgerichtet ist, sondern der Mensch in der Postmoderne ist ein Mensch inmitten eines Geflechts von vielfältigen, heterogenen Geschichten: »Die Sozialform des eigenen Lebens ist also zunächst nur die *Leerstelle*, welche die sich immer weiter ausdifferenzierende Gesellschaft öffnet. Sie wird angefüllt mit Unvereinbarkeiten, den Ruinen der Traditionen, dem Gerümpel der Nebenfolgen. In den Hohlräumen, welche die einmal regierenden Selbstverständlichkeiten mit ihrer Entzauberung hinterlassen, entstehen Trümmerspielplätze des eigenen Lebens.«[27]

Gleichwohl möchten Menschen diese Trümmerspielplätze des eigenen Lebens als beheimatende Orte erleben. Dazu bedarf es einer Grammatik, die die vielfältigen heterogenen Geschichten, aus denen eigenes Leben sich heute zusammensetzt, zu buchstabieren vermag. Es bedarf einer Grammatik, die die Lebensgeschichten als je meine eigene Lebensgeschichte zu lesen erlaubt. Allerdings wird es keine auch noch so augeklügelte Grammatik mehr erlauben, das eigene Leben als eine unverbrüchliche Einheit zu lesen. Eigenes Leben ist heute stets begleitet vom Wissen um das nicht-eigene Leben. Lebensgrammatiken konkurrieren miteinander, sie sind nicht mehr unbestritten zu haben. Peter L. Berger beschreibt dieses Klima der Konkurrenz von Lebensgrammatiken mit folgenden Worten: »Irgendwie drängt sich einem der Gedanke auf, daß das eigene traditionelle Weltverständnis vielleicht nicht das einzig richtige ist und daß die anderen möglicherweise auch diesen oder jenen guten Gedanken haben. Die bislang für selbstverständlich genommene Weltsicht wird aufgebrochen, wenn es auch zunächst nur ein winziger Spalt ist, der sich auftut und durch den der Schimmer eines Zweifels eindringt. Doch hat diese Öffnung die Neigung, sehr schnell größer zu werden.«[28]

26. *Peter L. Berger,* Auf der Suche nach Sinn. Glauben in einer Zeit der Leichtgläubigkeit, Frankfurt 1994, S. 95.
27. *Beck,* a.a.O., S. 10.
28. *Berger,* a.a.O., S. 45.

Deshalb läßt sich unter den Bedingungen der Postmoderne eine wie auch immer geartete Identität von Lebensgeschichte nicht mehr als eine ungebrochene Einheit konstruieren. Identität von Lebensgeschichte – wenn der Begriff der ›Identität‹ dann überhaupt noch angemessen ist – stellt sich allenfalls in der Erfahrung gelungener Übergänge zwischen den vielfältigen und zwiespältigen Geschichten ein, die mein Leben sind. Wolfgang Welsch hat diese Konturen der postmodernen Identität eindrücklich gezeichnet: »In der Tat ist der Typus Subjekt, der postmodern wiederkehrt, anders konturiert als der moderne. Er ist das jedenfalls dann, wenn man für die Moderne deren angestrengten Subjektbegriff zum Dauermaß erhebt, also einem Subjektbegriff, der schon seit langem eher eine Ideologie darstellt, als daß er durch die Praxis der Subjekte – noch der freisten und profiliertesten – gedeckt wäre. Denn ein absoluter Souverän, ein Herrscher und Meister – so die Quintessenz dieses angeblich modernen-notorischen Subjektbegriffs – ist das Subjekt postmodern in der Tat nicht mehr. Diese Subjektvorstellung ist passé. Nur bedeutet das keineswegs den Tod des Subjekts. Eher bedeutet es den Übergang zu einem Subjektbegriff, wie er Sterblichen ansteht und wie Lebendige ihn praktizieren ... das ›schwache‹ Subjekt [ist] schon lange das wahrhaftigere und leistungsfähigere. In ihm kommt die eigentliche Stärke der Rationalität – ihre Vielartigkeit – zum Tragen. Solche Subjekte vermögen mehr zu kennen, mehr zu erfahren, genauer zu berücksichtigen und dann immer noch für anderes empfänglich zu sein.«[29]

Unter den Bedingungen der Postmoderne befinden sich die Menschen mithin in Bezug auf ihre eigene Lebensgeschichte in einer dramatischen Ausgangslage. Die Individualisierung der Lebenswelten legt dem einzelnen Menschen ein immer größeres Maß an Interpretations- und Integrationsleistungen auf. Das heißt: Das eigene Leben muß Tag für Tag aufs Neue ein Stück weit ›erfunden‹ werden, wobei die Grammatik, um dieses Leben lesen und buchstabieren zu können, gleich miterfunden werden muß. Für diese Erfindung des Lebens bedarf es jedoch eines Reservoirs an Geschichten, mittels derer die Menschen ihrer selbst ansichtig werden können. Die Grammatik des Lebens ist narrativ strukturiert. Zugleich ist ein ungebrochener Rückgriff auf einen integren

29. *Welsch,* a.a.O., S.316.

Bestand von Groß-Erzählungen nicht mehr möglich. Dem geschichtenbedürftigen Menschen sind die Groß-Erzählungen verloren gegangen. Der geschichtenbedürftige Mensch – und das genau ist der Mensch unter den Bedingungen der Postmoderne – muß sich auf die Suche begeben nach neuen tragfähigen Geschichten.

Exakt an dieser Stelle stehen Theologie und kirchliche Praxis vor einer neuen Aufgabe. Nicht mehr als Vertreter einer Groß-Erzählung sind Theologie und Kirche heute gefragt, wohl aber als ›Platzhalter‹ des Geschichtenbestandes der biblischen Überlieferung und der Erfahrungsgeschichte des Glaubens. Diese Platzhalterfunktion werden Theologie und Kirche jedoch nur noch überzeugend wahrnehmen können, wenn sie den Menschen deutlich machen, daß sie nicht die ›Lobbyisten‹ einer Groß-Erzählung sind. Wie ich bereits oben ausgeführt habe, bin ich der Auffassung, daß sich hier genuin reformatorische Motive mit den Notwendigkeiten der Postmoderne auf eine fruchtbare Art und Weise verbinden können. Was dies für das Verständnis von Theologie und Kirche sowie für einzelne konkrete Praxisfelder bedeuten kann, soll in den nachfolgenden Kapiteln bedacht werden.

1.5 Tempel und Markt – Zum Ort der Kirche in der Postmoderne

I.

»Die Christen« – so heißt es in einem an der Schwelle vom zweiten zum dritten Jahrhundert geschriebenen Dokument frühchristlicher Theologie, dem sogenannten Diognet-Brief – »sind weder durch Heimat noch durch Sprache und Sitten von den übrigen Menschen verschieden. Sie bewohnen nirgendwo eigene Städte ... und führen kein absonderliches Leben. Sie bewohnen jeder sein Vaterland, aber nur wie Beisassen ... Jede Fremde ist ihnen Vaterland und jedes Vaterland eine Fremde.«[30] In diesen Sätzen begegnet uns eine merkwürdige Ortszuweisung für die Christenheit und die Kirche in ihrem jeweiligen gesellschaftlich-politischen Umfeld: Keine Ortlosigkeit, aber ein Ort im Dazwischen. Dieses Dazwischen, das die frühe Christenheit offen-

30. Zit. n. *J. Pelikan,* Jesus Christus, Erscheinungsbild und Wirkung in 2000 Jahren Kulturgeschichte, Zürich 1986, S. 64.

bar sehr genau kannte, markiert auch den Ort von Theologie und Kirche in der Postmoderne, also im Kontext einer entwickelten pluralistischen und zunehmend auch multikulturellen Gesellschaft. Um die Bedeutung dieses Dazwischen zu begreifen, bedarf es der historischen Reflexion. Wir werden den Herausforderungen, vor denen Theologie und Kirche gegenwärtig zweifellos stehen, nur dann gerecht werden, wenn wir uns nicht allein im Spannungsfeld der Tagesaktualitäten bewegen, sondern die geschichtlichen Weichenstellungen, die diesen Tagesaktualitäten immer schon zugrundeliegen, im Blick behalten. Praktische Theologie ist so immer *auch* Theologie in historischer Perspektive, und nur als historisch fundierte Theologie kann sie die gegenwärtige Praxis begreifen.

II.

Das Werden der frühen Christenheit ist auf eine enge Weise mit der architektonischen Gestalt der hellenistischen Städte verbunden. Schon Adolf von Harnack hat darauf hingewiesen und der an der Yale University lehrende Religionswissenschaftler Wayne A. Meeks stellt lapidar fest: »Paulus war Städter. Seine ganze Sprache atmet die Stadt.«[31] Nun hat diese Sprache des Paulus die christliche Theologie und die Praxis der Kirche so geprägt, wie dies von keinem anderen Theologen gesagt werden kann. Und da die Inhalte der Theologie von ihrer Sprachgestalt nicht zu trennen sind, stellt sich die Frage, wie diese ›Sprache der Stadt‹ in Sprache und Inhalt christlicher Theologie und Verkündigung zum Tragen kommt.

Welchen Ort weist die hellenistische Stadt der Religion zu? Ein instruktives Beispiel für diese Ortzuweisung ist die kleinasiatische Stadt Pergamon. Sie war ursprünglich eine Festungsstadt und wurde dann zur Residenztadt der Attaliden-Könige. Spätestens in der Mitte des zweiten Jahrhunderts vor Christus war diese Stadt eines der wichtigsten Kulturzentren der hellenistischen Welt.[32] Pergamon ist insofern besonders aufschlußreich, als ihre Oberstadt als eigentlicher urbaner

31. *Wayne A. Meeks,* Urchristentum und Stadtkultur. Die soziale Welt der paulinischen Gemeinden, Gütersloh 1993, S. 24.
32. Vgl. dazu *Gottfried Gruben,* Die Tempel der Griechen, 3. Aufl., München 1980, S. 421f.

Lebensnerv »die höchste Monumentalisierung und Regularisierung«[33] der hellenistischen Stadtidee darstellt.

Der Grundriß der Stadt versetzt uns in einen differenzierten wie zugleich geordneten Kosmos. An der Nordspitze finden wir umfängliche Lagermagazine. Östlich der Haupstraße durch eine Kaserne verbunden schließt sich die königliche Palastanlage an. Die Burg mit Burgtor sichert die Stadt nach außen. Ganz im Süden befindet sich der Markt mit den entsprechenden Lagern und Verkaufseinrichtungen. Westlich der Hauptstraße finden wir die verschiedenen Heiligtümer, die umfangreiche Bibliothek und schließlich das Theater mit einer ausladenden Terrasse.

Diese städtebauliche Gestalt ist nicht allein Ausdruck von architektonischem Können und eines ästhetischen Willens, sondern stellt zugleich ein ausgeklügeltes Raumprogramm dar. Was verstehe ich unter einem *Raumprogramm*? Jeder gestaltete Raum versetzt uns in ein energetisches Feld, das bestimmte Wahrnehmungen provoziert oder verstärkt und gewisse andere Wahrnehmungen behindert oder ausschließt. Damit werden zugleich bestimmte menschliche Bedürfnisse aufgenommen und gepflegt, andere Bedürfnisse werden in ihrer Entfaltung behindert oder ganz unterdrückt. Auf diese Weise enthält jeder Raum ein – sei es bewußtes oder unbewußtes, wir können auch sagen: explizites oder implizites – Raumprogramm.[34]

Welches Raumprogramm begegnet uns in der hellenistischen Stadt? Jeder Mann, jede Frau, die Pergamon betraten, unterzogen sich einer bestimmten Abfolge von Wahrnehmungen: sie sahen den Markt, den Palast, den Tempel, das Theater, usw. Zugleich waren diese Wahrnehmungen gekennzeichnet durch eine Reihe von Übergängen, die passiert werden mußten, um sich den anderen Wahrnehmungen zu stellen, wobei diese Übergänge scharf markiert waren. Auf engstem Raum waren die Menschen einem ständigen Wahrnehmungswechsel unterzogen.[35]

33. *Frank Kolb,* Die Stadt im Altertum, München 1984, S. 126.

34. Vgl. dazu auch *Albrecht Grözinger,* Praktische Theologie als Kunst der Wahrnehmung, Gütersloh 1995, bes. S. 107-109.

35. Diese Tendenz verstärkt sich mit der Zeit eher noch. Die römische Architektur bereichert den antiken Städtebau um das Peristyl und die Basilika: Das Perystil ist eine langgestreckte Kolonnade, die die Menschen zum Abschreiten ihrer Fluchtlinien anregt; die Basilika ein rechteckiger Bau, der in der Regel von der einen Seite betreten und durch die andere Seite verlassen, d.h. also durchschritten, werden sollte. Vgl. dazu auch *Richard Sennett,* Fleisch und Stein. Der Körper und die Stadt in der westlichen Zivilisation, Berlin 1995, S. 111-155.

Das Raumprogramm der antiken Stadt war mithin das eines ständigen Übergangs. Dieses Raumprogramm mußte umso stärker seine Wirkung ausüben, als der »antike Stadbewohner ... nicht vorwiegend in ethnischen, arbeitsorganisatorischen oder berufsgenossenschaftlichen Bindungen verankert [war], sondern er ›sozialisiert‹ sich in den öffentlichen Institutionen und Etablissements (Volksversammlungen, Rat, Thermen, Theater usw.), welche in der Stadt beheimatet sind«[36].

Diese Sozialisation durch öffentlichen Raum konfrontierte die Menschen nicht allein mit der städtebaulich-architektonischen Dimension von Übergängen, sondern zugleich mit einer Vielzahl von *Lebenslogiken*, die den jeweiligen Räumen zugrundeliegen. Auf dem Markt begegnet die Logik des Tausches, im Palast die Logik der Herrschaftssicherung, in der Bibliothek die Logik des wissenschaftlichen Diskurses, im Theater die Logik der – von Aristoteles so benannten – dramatischen Katharsis, usw.

In diesem Ensemble der stetigen Übergänge von Lebenslogik zu Lebenslogik kommt dem Tempel noch einmal eine besondere Bedeutung zu, denn in ihm ist der Übergang eigens thematisiert. Übergänge sind ihm bereits in seine äußere Gestalt eingeschrieben. Wir können den antiken Tempel in seiner Grundgestalt als ein Gebäude verstehen, das in seiner Selbstbezüglichkeit den Übergang von der profanen Welt in den Bereich des Heiligen auf unüberbietbare Weise zum Ausdruck bringt. Gottfried Gruben drückt dies in seiner Studie über ›Die Tempel der Griechen‹ so aus: »Der Tempel ist ein durchaus selbständiges, ›autarkes‹, sich selbst genügendes Bauwerk. Es erhebt sich an dem einem Gotte geheiligten Ort. Durch die Ebenen seiner Stufen sondert er sich vom Boden, durch dichte Säulenreihen grenzt sich sein Körper klar von der Umgebung ab ... Er kennt keine Rücksicht auf benachbarte Bauten; er kümmert sich nicht um den Betrachter ... Da wurde kein verschwommener Übergang geduldet. Durchschaubar und eindeutig bietet Grenze und Zusammenhalt der Teile, bietet das innere Gerüst des Ganzen sich dem Auge dar.«[37]

Jedem, der auf einen solchen Tempel blickte, schrieb das ihm innewohnende Raumprogramm das Wissen ein, daß hier eine andere Welt zu betreten war. Die Welt des Heiligen in – wie es Rudolf Otto bis

36. *Kolb,* a.a.O., S. 264.
37. *Gruben,* a.a.O., S. 7ff.

heute unüberholt formuliert hat – seiner Doppelung des Fascinosum tremendum, also dem Grauenerregend-Abgründigen wie Verlockend-Reizvollen.[38]

III.

In diese Welt des dem hellenistischen Städtebau eingeschriebenen Raumprogramms trat nun das junge Christentum ein. Und es hatte mit diesem Raumprogramm ganz offensichtlich seine Schwierigkeiten. Wie auch immer der historische Informationswert des Berichtes der lukanischen Apostelgeschichte von dem Auftreten des Paulus auf dem Areopag in Athen beurteilt werden mag, so ist in diesem Bericht doch das geschichtliche Wissen davon bewahrt, daß ein allzu forscher Anschluß der frühchristlichen Lebensformen an dieses Raumprogramm zum Scheitern verurteilt war. Das frühe Christentum war in den Städten des Imperium Romanum nicht auf der Agora beheimatet, sondern im Oikos, dem vom öffentlichen Raum geschiedenen privaten Wohnhaus.[39]

Allerdings war der private Raum des Wohnens nicht minder durch scharfe Übergänge gekennzeichnet wie der öffentliche Raum der Agora. Wayne A. Meeks spricht in diesem Zusammenhang von einem »steinernen Diagramm«[40] der sozialen Verhältnisse, das in die architektonische Struktur der hellenistisch-römischen Hausanlage eingeschrieben sei: »Privatzimmer und Büroräume für das Familienoberhaupt; ein Bereich des Hauses, der vermutlich den Frauen und Kindern vorbehalten war: Unterkünfte für die Sklaven; vermietete Räume; auf der Straßenseite ein oder zwei Läden, vielleicht eine Taverne oder sogar ein Gasthaus, das manchmal mit dem Atrium verbunden war; und schließlich ein zentral gelegener Speiseraum, in dem der *paterfamilias*

38. Vgl. dazu *Rudolf Otto,* Das Heilige. Über das Irrationale in der Idee des Göttlichen und sein Verhältnis zum Rationalen, 28. Aufl., München 1947, bes. die Kapitel 4 und 6.
39. Es bedürfte in diesem Zusammenhang einer eigenen Untersuchung, inwiefern die rasche und konfliktuöse Trennung der frühen christlichen Gemeinden von der Synagoge mit darin begründet war, daß die Synagoge im Gegensatz zur frühen Ekklesia durchaus Anschluß an das hier geschilderte Raumprogramm gefunden hat.
40. Vgl. dazu *Meeks,* a.a.O., S. 66.

die Gesellschaft von seinesgleichen und von Freunden aus anderen Familien genießen oder seine clientela bewirten konnte, oder auch beides zugleich (wobei jeder seinem ihm durch seine Stellung zugewiesenen Platz hatte).«[41]

Wir haben also guten Grund zu der Annahme, daß die ersten christlichen Gemeinden, die sich in diesen Häusern zu ihren Gottesdiensten versammelten, durch eine doppelte Raum-Erfahrung geprägt waren: die der öffentlichen Agora und die des privaten Oikos. Beide Raumprogramme waren sich bei allen Unterschieden darin ähnlich, daß sie eine spezifische Erfahrung der Abgestuftheit und des Übergangs vermittelten. Deshalb kann es nicht verwundern, daß uns die Struktur dieses Raumprogramms auch im liturgischen Ablauf der frühchristlichen Gottesdienste – soweit wir diesen Ablauf noch rekonstruieren können – begegnet. So war die frühchristliche Taufpraxis durch eine stufenweise rituelle Annäherung an den eigentlichen Taufakt bestimmt. Und der Taufakt selbst, als Wassertauchbad, wurde »zur bleibenden Trennschwelle zwischen der ›reingewaschenen‹ Gruppe und der ›schmutzigen‹ Welt«.[42] Ähnliche Formen von Übergängen und Differenzen begegnen uns in der Praxis der frühchristlichen Abendmahlsfeier: »Postulanten, Individuen, die sich für die christliche Lehre interessierten, aber noch keine Christen waren, und Katechumenen, die schon bekehrt, aber noch nicht getauft waren, standen nahe der Tür oder an den Seiten des Eßraumes, während die Christen zusammen um den runden Tisch saßen.«[43]

Es war denn nur konsequent, daß diese Erfahrungen, die durch ein bestimmtes Raumprogramm vermittelt waren, das seinerseits mit bestimmten theologischen Inhalten verschmolz, auf die weitere architektonisch-liturgische Entwicklung Einfluß nahmen. Aus dem im Oikos stattfindenden Gottesdienst entwickelte sich die Hauskirche. Ein eindrückliches Beispiel für diesen frühchristlichen Typus von Kirche ist die Hauskirche von Dura-Europos, die um 200-230 n.Chr. entstanden ist und ein charakteristisches Amalgam aus privatem Wohnhaus und Tempel darstellt: Hausdiele und Säulenportikus mußten durchschritten werden, um in den Hof zu gelangen. Dieser Hof war die Mitte des Hauses. Von ihm aus erreichte man seine anderen Räume. Die Kult-

41. A.a.O., S. 66f.
42. A.a.O., S.315.
43. *Sennett,* a.a.O., S. 174.

räume selbst waren durch eine Abgestuftheit der architektonischen Struktur und des liturgischen Gebrauchs charakterisiert. Wer diese Hauskirche betrat, um an den Gottesdiensten teilzunehmen, wurde mit der Zeit zu einem Passagen-vertrauten Menschen.

Mit der Etablierung des Christentums als Staatsreligion im vierten Jahrhundert nach Christus waren die christlichen Gemeinden durch keine politischen und zunehmend auch durch immer geringer werdende ökonomische Hemmnisse daran gehindert, ihre Kultbauten an städtebaulich zentralen Stellen zu etablieren. Gleichwohl fällt auf, daß den ersten christlichen Generationen nach der Konstantinischen Wende der Abschied von den alten Raumprogrammen offensichtlich nicht leicht fiel. Neben der römischen Basilika, die dem Raumprogramm der Agora verbunden war, findet sich auch noch zwei Jahrhunderte nach Konstantin der Typus der Hauskirche, allerdings nunmehr in räumlich weit ausgreifender Gestalt, wie im Gemeindezentrum von Salona in Dalmatien, das um das Jahr 500 n.Chr. seinen baulichen Abschluß fand.

Erst mit dem Übergang des Christentums in den fränkischen und germanischen Kulturraum im Mittelalter treffen wir auf ein neues Raumprogramm. Dieses neue Raumprogramm war mit dem alten dadurch verbunden, daß auch in ihm der scharfe Übergang ein konstituierendes Element war. Der Übergang selbst jedoch war jetzt auf ein einziges klares Zentrum bezogen, von dem her erst der Übergang als Übergang erlebbar war: die christliche Kathedrale. Die mittelalterliche Stadt war gekennzeichnet durch einen scharfen Unterschied zwischen sakralem und säkularem Raum: »Dieser Unterschied wurde dadurch erzeugt, daß die säkularen Gebäude zu einem dichten, von engen, ineffizienten Straßen durchzogenen Gewirr verwuchsen, während die Kirchen mit Umsicht plaziert, mit großer Sorgfalt gebaut und in ihrer Konstruktion genau berechnet waren ... In dieser Stadt war die Mitte genau markiert, präzise und sorgfältig gestaltet, und hier regierte das Wort Gottes – im Kontrast zu der wogenden, in ständigem Fluß befindlichen Umgebung.«[44] In der Freistatt der sakralen Mitte fanden die Mörder ebenso Zuflucht wie die Gaukler, die Bettler oder die Behinderten.

44. *Richard Sennett,* Civitas. Die Großstadt und die Kultur des Unterschieds, Frankfurt 1991, S. 27.

IV.

Kaum hatte das neue christliche Raumprogramm im Mittelalter seine volle Entfaltung erfahren, wurde es auch schon wieder – theoretisch und praktisch – in Frage gestellt. Die Renaissance schuf einen neuen Typus von Stadt, der wieder zu einer Multiplizität der Markierungen und Übergänge zurückkehrte. Die Kathedrale ist nicht mehr die unbestrittene Mitte der Stadt. Der Markt und die Zentren der politischen Macht melden aufs Neue ihre Ansprüche an. Man kann dies in einer Stadt wie Basel sehr schön sehen. Am Markt stehen zwar das schöne spätgotische Rathaus und die Zunft- und Bürgerhäuser, das Münster jedoch und die anderen Kirchen grüßen dabei nur von ferne. Tempel und Markt geraten erneut in eine Konkurrenz.

Diese Multiplizität der Orte und Übergänge wächst proportional zu der neuzeitlichen Pluralisierung der gesellschaftlichen Verhältnisse, wobei die Kirche im Verlauf dieser Entwicklung ihr Monopol auf die Markierung der lebensgeschichtlich relevanten Übergänge verloren hat. Im Paris des 19. Jahrhunderts ist es die Laden-Passage, an der die Exemplarizität des Übergangs erfahren werden kann. Walter Benjamin hat in seinem Passagenwerk von der Passage als dem ›Zufluchtsort für alle Überraschten‹ gesprochen, dem ein merkwürdiger ›Schwellenzauber‹ innewohne.[45] Die neu entstehenden Städte des nordamerikanischen Kontinents machen durch die Gitterstruktur des Straßenverlaufs den Übergang gleichsam zum städtebaulichen Programm. Die Stadt selbst wird zu einem einzigen Übergang. Geichwohl treffen wir in diesem neuen Typus von Stadt auf eine merkwürdige Dialektik. New York, heute mit Recht *das* Sinnbild pluralistischer und multikultureller Urbanität, ist durch die Quadratisierung seines Straßenbildes eine übersichtliche Stadt, dennoch kann man in dieser Stadt schneller den Überblick verlieren als etwa in Paris oder London. Dies liegt daran, daß die Stadt keine markanten Plätze hat. Die Übersichtlichkeit New Yorks ist abstrakt. Erfahrungen des Überganges sind jedoch immer konkret. Deshalb ist die Übergangserfahrung in New York eine durch und durch von Stadtteilkulturen bestimmte: Indem ich vom jüdischen East Broadway in die Bowery der sozial Gescheiterten oder in die Canal Street als Grenzlinie zwischen China-Town und Little Italy wechsle.

45. Vgl. dazu insgesamt *Walter Benjamin,* Gesammelte Schriften, Band V: Das Passagen-Werk, Frankfurt 1982.

Jürgen Habermas hat vor Jahren schon das Stichwort von der ›Neuen Unübersichtlichkeit‹ geprägt. Diese Formulierung hat offensichtlich dem Lebensgefühl vieler Menschen in den westlich-pluralen Gesellschaften präzisen Ausdruck verliehen. Eines der Kennzeichen dieser ›Neuen Unübersichtlichkeit‹ ist eine Verinnerlicherung der Übergangs-Erfahrungen, die zwar immer äußerlich werden, aber sich nicht mehr ausschließlich lokal im Stadtbild fixieren. Die Kultur-Welten beginnen zu nomadisieren. Wer in der Erinnerung an eine blühende Subkultur nach nur wenigen Jahren ein bestimmtes Quartier von New York oder Paris aufsucht, trifft nicht selten auf eine völlig veränderte Welt. An die Stelle des jüdischen Kleinkunst-Theaters ist das maghrebinische Couscous-Restaurant getreten; wo vor kurzem noch die alternative Jazz-Szene blühte, treffen wir nun auf eine Reihe von Interieur-Schreinerwerkstätten der Upper-Middle-Class; usw.

Gleichwohl ist in diese nomadiserenden Kultur-Welten das Bedürfnis nach markanten Orten und Übergängen eingeschrieben. Das, was einst im Übergang vom Tempel zum Markt erlebt wurde, ist nicht abgestorben, es hat sich vielmehr in seinen Äußerungsformen verwandelt. Gerade die pluralistischen Gesellschaften sind gekennzeichnet durch ein hohes Maß an ›Passage‹-Erfahrungen und ›Orts‹-Erfahrungen und den damit verbundenen Bedürfnissen. Die Postmoderne ist so passagensüchtig wie passagenbedürftig. Diese These soll an drei Beispielen belegt werden.

In den letzten Jahren hat es in der Bundesrepublik Deutschland eine kontroverse Diskussion gegeben um die Legitimät des *Kirchenasyls* für Menschen, deren Gesuch um Asyl von den politischen Instanzen abgelehnt wurde. Jenseits der Positionen der entschiedenen Plädoyers für oder gegen das Kirchenasyl wurde im Blick auf die konkreten Menschen eines immer wieder deutlich: Es ist unbestreitbar, daß die Gefährdungssituation für *einzelne* Menschen, die den Schutz des Kirchenasyls gefunden haben, von den vorgängig entscheidenden rechtsstaatlichen Instanzen falsch eingeschätzt wurde und nachträglich dem Asylersuchen stattgegeben wurde. Das Kirchenasyl hat also in Einzelfällen Menschen vor Gefährdung bewahrt. Es tritt insofern dem Rechtsstaat an die Seite, als es ihn davor bewahrt, in Einzelfällen inhuman zu handeln. Gleichwohl läßt sich das Kirchenasyl im neuzeitlich-rechtsstaatlichen Binnenhorizont nicht begründen, ja in diesem Binnenhorizont muß das Kirchenasyl als widerrechtlich qualifiziert werden, da es das Rechtsmonopol des Verfassungsstaates unterläuft. In dieser Dichotomie der Perspektiven zeigt sich offensichtlich, daß hier angesichts einer konkreten Herausforderung und in der historischen Erinnerung an die mittelalterliche Freistatt der Kathedrale ein besonderer ›Ort‹ – nämlich der Ort des Kirchenasyls – enstanden ist, der so in der republikanischen Verfassung nicht vorgesehen ist und auch nicht vorgesehen sein kann, der jedoch die Verfassungswirklichkeit unbestreitbar humanisiert hat. Es bedarf um der Humantität der republikanischen Staatsverfassung willen offenbar weiterhin der Orte des Heiligen, die sich nicht aus dem Binnenhoriznot des neuzeitlichen Verfassungsstaates ableiten oder begründen lassen.

Das zweite Beispiel führt uns in das gegenwärtige Berlin der städtebaulichen Erneuerung nach der Vereinigung der beiden deutschen Nachkriegsstaaten. Herausragendes Projekt dieser städtebaulichen Erneuerung ist neben der kompletten Neukonstruktion des Potsdamer Platzes und des Regierungsviertels am sogenannten Spreebogen die *Rekonstruktion der Friedrichsstraße*, eine der großen Geschäfts- und Verkehrsstraßen des alten Vorkriegs-Berlin. Die gegenwärtig ihrer Vollendung entgegengehenden großen Bauprojekte in diesem Zusammenhang leben ganz von der Idee der Laden-Passage. Die Friedrichsstraße – so das mit großem Pathos vorgetragene architektonische Programm – soll wieder zur Flanier- und Passagenstraße werden. So weit, so gut. Nur war die Friedrichstraße im Gegensatz etwa zum Kurfürstendamm nie eine Flanierstraße, und Passagen kannte das Vorkriegsberlin im Vergleich zu Paris oder London kaum. Was im breiten Bewußtsein als historische Wiederherstellung gilt, ist im Grunde nichts anderes als eine Neukonstruktion aufgrund eines kollektiven Bedürfnisses. Das Passagen-Bedürfnis ist offensichtlich so verbreitet, daß es sich die Passagen immer dort schafft, wo die Chance dazu besteht.

Drittens sei schließlich auf den seit dem Übergang von den 70er- zu den 80er-Jahren zu beobachtenden *Museums-Boom* verwiesen, der keineswegs nur auf Mitteleuropa beschränkt ist. Wer sich Sonntagvormittags in einem Museum aufhält und dort die vielen Menschen sieht und sich demgegenüber die Anzahl der Menschen im Gottesdienst der benachbarten Kirche vergegenwärtigt, dem steht eine herausfordernde Nachbarschaft vor Augen. Dabei besteht diese herausfordernde Nachbarschaft nicht nur in einem Vergleich der Besucherzahlen. Es ist unübersehbar, daß in der pluralistischen und multikulturellen Gesellschaft in gewisser Hinsicht das Museum das Erbe der Kathedralen angetreten hat. Susanne Natrup, die dazu eine kleine instruktive Studie verfaßt hat, spricht zu Recht vom postmodernen Kunstmuseum als einem »Ort individualisierter und impliziter Religion«.[46] Man kann ohne allzu große Erpressung von Analogien einen Besuch in einem zeitgenössischen Museum phänomenologisch als Annäherung an ein Heiliges beschreiben: »Beim Betreten eröffnet sich einem ein meist großzügiges Foyer, das den Verkaufsraum beherbergt. Die Annäherung an die Schauräume erfolgt somit behutsam, indem man sich vor dem Betreten erst bei den Katalogen, Postkarten und Informationstafeln aufhält, um sich auf die Begegnung mit den Exponaten einzustimmen.

In fast allen Museen wird man aufgefordert, Mantel und Taschen zur Aufbewahrung abzugeben. Ist dies zunächst nur eine Sicherheitsmaßnahme, enthält sie doch eine gewisse Symbolik, die an religiöse Reinigungsrituale auf dem Weg zum Allerheiligsten erinnert.

Beginnt man mit dem Rundgang durch die Schauräume, läßt sich eine Veränderung von Mimik und Gestik, Schrittempo und Sprache beobachten, die sich insgesamt reduzieren. Nur selten hört man laute Stimmen oder offenbarte Emotionen. Vielmehr überrascht die fast kontemplative Stille und Konzentration, bei der eine Kommunikation allenfalls im Flüsterton erfolgt.

Bei der Beobachtung des Besuchsverhaltens fällt auf, daß Besucher unaufgefordert einen gewissen räumlichen Abstand zu den Exponaten halten, oder, bei Nichtbeachtung, sehr bestimmt vom Aufsichtspersonal dazu angehalten werden. Die Exponate beanspruchen einen gewissen Raum, um ihre Wirkung entfalten zu können. Eine bloße Berührung, etwa um ein Exponat auf seine Materialität hin zu überprüfen, würde es entweihen und so seines ›auratischen‹ Charakters berauben. Der Besucher darf dem Exponat, ebenso wie einer Gottheit, einem Allerheiligsten oder allgemein einem kultisierten Gegenstand nicht zu nahe kommen, weil die Aura des Extraordinären, des Bedeutungs- und Bewahrungswerten die körperliche Distanz geradezu fordert.

Am Ende des Rundgangs durch ein Museum kehrt der Besucher in den Eingangsbereich zurück. Er verläßt die auratische Sphäre der Schauräume, ohne jedoch gleich in die profane Welt des Alltags zurückzukehren.

46. Vgl. dazu *Susanne Natrup,* Das postmoderne Kunstmuseum als Ort individualisierter und impliziter Religion, in: *Albrecht Grözinger/Jürgen Lott (Hg.),* Gelebte Religion. Im Brenppunkt praktisch-theologischen Denkens und Handelns, Rheinbach 1997, S. 50-62.

Vielmehr verweilen die Besucher zumeist noch einen Augenblick im Foyer und schauen sich, wie schon beim Betreten des Museums, die zum Verkauf angebotenen Gegenstände an, um das eine oder andere zu erwerben. Fast immer wird etwas ›zur Erinnerung‹ gekauft und mit nach Hause genommen. Ob Kunstpostkarte, Katalog, Halstuch, T-Shirt oder Armbanduhr: die im Museum erworbenen Gegenstände haben aufgrund ihres Verkaufsortes ihre besondere Bedeutung. Fast ließe sich von einem reliquiären oder devotionalen Charakter der an sich profanen und darüber hinaus meist sehr teuren Gegenstände sprechen, deren Erwerb jedoch zum Ritual des Besuches gehört.«[47] So gerüstet kann man dann getrost auf die Straße treten. Der Alltag hat uns wieder.

V.

Diese drei angeführten Beispiele stellen uns eindrücklich das vor Augen, was ich ein *Passagen-Bedürfnis* genannt habe, das sich an markanten Orten konkretisiert. Über alle modischen und skurrilen Aspekte hinweg, die manchen Konkretisierungen dieses Passagen-Bedürfnisses anhaften mögen, verbirgt sich dahinter eine Erfahrung, die für Theologie und Kirche eine Herausforderung darstellen und die nicht ernst genug genommen werden kann. Es ist die Erfahrung der Mehrdimensionalität der Conditio humana: Die Erfahrung nämlich, daß wir Menschen an unserer Menschlichkeit Schaden nehmen, wenn wir in unserem Menschsein auf *eine* Funktion festgelegt oder gar reduziert werden. Wir Menschen sind mehr als Konsumenten. Wir Menschen sind mehr als freie Kräfte auf dem Spiel des Arbeitsmarktes. Wir Menschen sind aber auch immer mehr als Partner und Partnerinnen in Beziehungen, als Theaterbesucherinnen und -besucher, auch mehr als Mitglieder einer Kirche. Meine These ist nun, daß die Kirche dann ihren Ort in der pluralistischen Gesellschaft der Postmoderne finden wird, wenn sie dieser Erfahrung des Mehr einen konkreten Ausdruck zu geben vermag.

Dies wird sie im Unterschied zu früheren Zeiten jedoch nur noch im Gegenüber und auch – dies möchte ich ausdrücklich betonen – in der Konkurrenz mit anderen lebensweltlichen Entwürfen und Angeboten tun können. Die Kirche hat das Monopol auf Lebens- und Sinndeutung verloren. Und wir sollten nüchtern zur Kenntnis nehmen, daß Menschen

47. A.a.O., S. 59.

heute respektable und überzeugende Wege außerhalb der Kirche gehen. Nichts ist schlimmer als eine Kirche, die mißgelaunt und neidisch auf den Erfolg von Anderen blickt. ›Kirchwege‹ kann es heute nur noch inmitten eines Geflechts anderer Wege geben, die eben keine ›Kirchwege‹ sind. Dabei sollte sich die Kirche zweier Versuchungen enthalten, um ihren Ort in der pluralistischen Gesellschaft zu bestimmen.

Die eine Versuchung besteht darin, die zentrale Stellung der mittelalterlichen Kathedrale zum – sei es expliziten oder impliziten – Leitbild für kirchliches Handeln zu machen. Vielmehr kommt es darauf an, die Pluralität von Lebensentwürfen und Lebensstilen anzuerkennen und sich zu ihnen fruchtbar in Verbindung zu setzen. Dies wird umso eher gelingen, je mehr in der Kirche selbst eine Pluralität von Frömmigkeitsstilen und Erfahrungen präsent ist. In der Postmoderne stellt kirchlicher Pluralismus kein Defizit dar, sondern ist ein Reichtum, den es zu nutzen gilt.

Die andere Versuchung bestünde darin, den Weg zurück zur frühchristlichen Hauskirche zu gehen. Dies ist keineswegs eine abstrakte Versuchung, sondern diese Entwicklung ist in den Metropolen der pluralistischen und multikulturellen Gesellschaften konkret zu beobachten. So heißt es in einem Bericht über die Lage der christlichen Kirchen in New York: »Die Stadtansicht hat selbst die größten Kirchen wieder zu dem gemacht, was die Versammlungsorte der ersten Christen waren: verborgene Orte. Und der Himmel wurde verkauft. Die St. Peter‹s Lutheran Church an der Lexington Avenue verkaufte ihr altes neugotisches Kirchengebäude mit Grundstück in bester Lage Manhattans an die Citi-Corporation mit der Maßgabe, daß im Untergeschoß des neugebauten Hochhauses wieder eine Kirche eingerichtet werden kann. So bleibt der Kultort im Keller und von außen weitgehend unsichtbar.«[48] Nun mag es in einzelnen Fällen gute Gründe geben, Kirchen zu verkaufen oder in ihrem Zweck umzuwidmen. Nur würde ich davor warnen, die öffentliche Präsenz allzu schnell aufzugeben. Das Passagen-Bedürfnis verlangt nach markanten Orten, an denen Erfahrungen entstehen und an denen Erfahrungen festgemacht werden können. Und die Kirchen haben hier ein Potential, das es zu nutzen gilt. Wir sollten hier nicht hinter diejenigen Intentionen zurückfallen, die etwa die postmodernen Museumsbauer inspiriert haben.

48. *Ralf Meister-Karanikas,* Die Kirche gibt es nur im Plural, in: Das Sonntagsblatt Nr. 6 vom 10.2.1995, S.17f.

Gleichwohl ist die Kirche kein Museum und soll auch zu keinem Museum werden. Sie wird ihre *Kenntlichkeit* in der pluralistischen Gesellschaft nur dann erhalten oder wiedergewinnen, wenn sie in ihrer *Unverwechselbarkeit* ansichtig wird. Also: Kirche nicht als das bessere oder schlechtere Museum, nicht als das bessere oder schlechtere Theater, nicht als der bessere oder schlechtere politische Debattierclub, obwohl wir Elemente von all dem sicher auch in der Kirche antreffen werden.

Dies bedeutet zugleich, daß die Kirche sich eine gewisse Widerständigkeit zu den sie umgebenden Trends und Moden bewahren muß. Dazu hat der Basler Theaterdirektor Michael Schindhelm vor dem Hintergrund seiner spezifischen Erfahrungen Bedenkenswertes gesagt: »Die Kirche muß das tun, was draußen, in der Welt der wirtschaftlichen Effizienz, der puren Leistungsgesellschaft, nicht geht, nicht getan wird. Kirche ist nicht Produzent von Mehrwert, sondern sie ist mehr wert, sie ist Luxus, unverzichtbarer Luxus einer Gesellschaft. Deshalb Vorsicht vor den allfertigen Versuchen der Publikumsanbiederung.«[49]

Dieser beherzigenswerte Ratschlag zielt nicht auf eine kulturelle ›splendid isolation‹ von Kirche. Im Gegenteil: Kirche wird nur dort allen Versuchungen der Anbiederung entsagen können, wo sie um ihr Eigenes weiß und zugleich die sie umgebenden Lebenswelten wahrnimmt. Eine Kirche, die nur sich selber kennt, kennt auch sich selbst nicht. Die Kirche muß nicht Tempel *und* Markt sein, sie muß aber wissen, was auf dem Markt vor sich geht. In diesem sie umgebenden ›Anderen‹ muß sie auch ihr Eigenes wahrnehmen.

Worin besteht dieses Eigene der Kirche? Es kennzeichnet unsere gegenwärtige Lage, daß die Antwort auf diese Frage von den fernstehenden Sympathisierenden der Kirche oft genauer formuliert wird als von ihren Insidern. Was der Konstanzer Religionssoziolge Hans-Georg Soeffner in Hinblick auf die Predigt formuliert hat, ist auch eine aussagekräftige Antwort auf die Frage nach dem Ort der Kirche in der pluralistischen Gesellschaft: »Christliche Predigt steht im Gegensatz zu dieser Rhetorik der Fraktionierung und Parteibildung. Sie kann daher weder eine Verdoppelung politischer Rede im kirchlichen Raum noch die Ausbildung von Sprachspielen für geistliche Reservate oder

49. *Michael Schindhelm,* Hat die Kirche in der Stadt religiöse Kompetenz?, in: Kirchwege, Broschüre Basel 1996, S.11-15, zit. Stelle S. 13.

esoterische Cliquen meinen. Auch und gerade da, wo Kirche Minderheiteninteressen und unterdrückte Meinungen vertritt, legitimiert sie sich nicht durch ein pragmatisches Partialinteresse. Ihre universalistische Legitimation gewinnt sie eben dadurch, daß sie die kleinste gesellschaftliche Minderheit, jedes einzelne Individuum und dessen Ängste und Hoffnungen, gegen normative Ansprüche, gleich welcher Gesellschaften, Verbände oder Gruppen verteidigt. Insofern konfrontiert sie die Haltung ihres Religionsstifters mit dem Gruppen- oder Kollektivinteresse, mit Karl Barth gesprochen: Das Offenbarungswort mit dem ›Zeit-Wort‹.«[50]

Diese anspruchsvolle Aufgabe kommt dem entgegen, was sich in dem gegenwärtig wahrzunehmenden Passagen-Bedürfnis vieler Zeitgenossen und Zeitgenossinnen an Erfahrungen und Hoffnungen auf ein gelingendes menschliches Leben in einer risikoreichen Welt anmeldet. Und zugleich bleibt die Kirche damit dem verbunden, was ihr an Orientierung in den Schriften des Alten und Neuen Testaments mit auf den Weg gegeben ist. Denn in dieser Überlieferung geht es stets um dieses humane und humanisierende Mehr, von dem nun schon mehrfach die Rede war. Die Besonderheit der Kirche und damit zugleich ihre stets aufs neue zu konkretisierende Aufgabe besteht darin, dieses Mehr nicht als ein abstraktes Postulat erscheinen zu lassen, sondern mit einer konkreten Geschichte zu verbinden. »Der ›Schatz der Kirche‹ – sofern man dieses in anderer Hinsicht mit Recht desavouierte Bild überhaupt noch aufgreifen kann – besteht damit in dem Reichtum überlieferter und zu entschlüsselnder Erfahrungsgeschichten von Menschen mit dem Gott. Die Predigt kann den darin gesammelten Bildern und Mythen neue Kleider geben und die Hoffnung auf die Möglichkeit der Wiederholbarkeit bestimmter Erfahrungen artikulieren: aus der Erfahrungsgeschichte eine Möglichkeitsgeschichte machen.«[51]

Die Kirche hätte dann ihren Ort in der pluralistischen und multikulturellen Gesellschaft gefunden, wenn sie von den Menschen, die in dieser Gesellschaft leben, nicht als überständiger Rest empfunden würde, sondern als Erinnerung an eine Dimension der Conditio Humana, deren

50. *Hans-Georg Soeffner,* Was kann die moderne Gesellschaft von der Predigt erwarten?, in: Dokumentation des Societas Homiletica Congress II Berlin 1995, S. 7-17. Zit. Stelle S. 17.

51. A.a.O., S. 16f.

Verlust uns alle – seien wir Kirchennahe oder Kirchenferne – ärmer machen würde. Dazu bedarf es aber einer risikofreudigen Wahrnehmung der Übergangsphänomene von der Moderne zur Postmoderne ebenso wie einer umsichtigen Reflexion auf die Chancen und die Untiefen, die dieser Übergang in sich birgt.

2. Christentum in der Postmoderne

2.1 Plädoyer für eine neue Kulturtheologie

I.

Wer über den Ort des Christentums in der Postmoderne Auskunft geben möchte, dem stellt sich zunächst die Aufgabe einer Verhältnisbestimmung von Kultur auf der einen und Theologie und Kirche auf der anderen Seite. Denn die Postmoderne ist in erster Linie ein kulturelles Phänomen, von wo aus dann sicher auch Wirkungen auf Politik oder andere als primär kulturelle Bereiche der Gesellschaft ausstrahlen.

Wo die Stichworte ›Theologie‹, ›Kirche‹ und ›Kultur‹ – wie auch immer – nebeneinander zu stehen kommen, stellt sich das Stichwort vom ›Kulturprotestantismus‹ schon beinahe reflexartig ein. An diesem Begriff scheiden sich auch heute noch die Geister. Er ist nicht zuletzt emotional hochbesetzt. Ganze theologische Schlachten wurden unter diesem Stichwort geschlagen. Friedrich Wilhelm Graf hat mit guten Gründen vom Begriff des Kulturprotestantismus als einer »ideenpolitischen Chiffre«[1] gesprochen. Zusätzlich erschwert wird der Umgang mit diesem Begriff durch die Tatsache, daß die Begriffsbildung eindeutig aus dem Lager der Gegner dessen stammte, was man dann den Kulturprotestantismus nannte. *Den* Kulturprotestantismus gab es als »ein eindeutig bestimmbares bzw. begrenzbares historisches Phänomen allein in der Fremdwahrnehmung bestimmter Gestalten der dezidiert antibürgerlichen und antimodernistischen theologischen Kulturkritik der zwanziger Jahre«[2] in Deutschland.

Gleichwohl verweist dieser Begriff nicht bloß auf eine Schimäre. Das, was dann später Kulturprotestantismus genannt wurde, war das Bemü-

1. Vgl. dazu *Friedrich Wilhelm Graf,* Kulturprotestantismus. Zur Begriffsgeschichte einer theologiepolitischen Chiffre, in: *Hans Martin Müller (Hg.),* Kulturprotestantismus. Beiträge zu einer Gestalt des modernen Christentums, Gütersloh 1992, S. 21-77.
2. A.a.O., S. 23.

hen um eine Modernisierung der Inhalte und der Gestalt des protestantischen Christentums als Antwort auf die stürmisch sich vollziehenden ökonomisch-gesellschaftlichen und verzögert sich einstellenden politischen Wandlungsprozesse des Wilhelminischen Kaiserreiches. Der Kulturprotestantismus ist in dieser Hinsicht ein Kind der klassischen industriegesellschaftlichen Moderne. Kann er auch ein Kind der Postmoderne sein?

Neuere Detailforschungen zeigen auf eine ebenso erhellende wie eindeutige Art und Weise, daß der Kulturprotestantismus zwar ein gemeinsames Grundinteresse verfolgte, nämlich das der Modernisierung der religiösen Lebenswelt, die Wege und inhaltlichen Ausrichtungen dieser Bemühungen sich jedoch nur schwer auf einen einheitlichen Nenner bringen lassen.[3] Der Kulturprotestantismus partizipiert an dem, auf was er eine Antwort sein wollte – nämlich der Pluralisierung und Ausdifferenzierung der gesellschaftlichen Verhältnisse. In dieser neuen Wahrnehmungsperspektive besteht die bleibende Leistung dessen, was wir den Kulturprotestantismus nennen: »An die Stelle eines primär harmonistischen Gesellschaftsbildes treten Konfliktorientierung, Wahrnehmung der tendenziell anarchischen Folgen kapitalistischer Modernisierung sowie eine zunehmend stärkere Sensibilität für die sozialen und politischen Antagonismen der deutschen Gesellschaft im Kaiserreich.«[4]

Gleichwohl intendierte der Kulturprotestantismus – und darin gewinnt er seine innere Einheit in all seiner Vielfalt – eine *Synthese* der wahrgenommenen Differenzen. Bereits beim ersten Protestantentag in Eisenach im Jahre 1865, eines der Gründungsdaten der kulturprotestantischen Bewegung, prägt Richard Rothe die Formel von der »Versöhnung von Religion und Kultur«.[5] In diesen fünf Worten ist die programmatische Stoßrichtung der kulturprotestantischen Bemühungen unüberbietbar auf den Begriff gebracht. Noch im Jahre 1922 – also mitten in den kulturellen Aufbrüchen und Turbulenzen der Weimarer Republik – kann Ernst Troeltsch die Rothe'sche Grundmelodie mit folgenden Worten variie-

3. Vgl. dazu vor allem *Hans Martin Müller,* a.a.O.; *Gangolf Hübinger*, Kulturprotestantismus und Politik. Zum Verhältnis von Liberalismus und Protestantismus im wilhelminischen Deutschland, Tübingen 1994.
4. *Hübinger,* a.a.O., S. 42.
5. Vgl. dazu *Richard Rothe,* Gesammelte Vorträge und Abhandlungen. Elberfeld 1886, S. 129-147.

ren: »Die Bildung der Maßstäbe und vor allem die Synthese der Maßstäbe [sc. allen historischen Erkennens] ... ist also Sache des Glaubens in dem tiefen und vollen Sinne des Wortes: die Betrachtung eines aus dem Leben herausgebildeten Gehaltes als Ausdruck und Offenbarung des göttlichen Lebensgrundes und der inneren Bewegung dieses Grundes auf einen uns unbekannten Gesamtsinn der Welt hin, die Ergreifung des aus der jeweiligen Lage erwachsenden Kulturideals als eines Repräsentanten des unerkennbaren Absoluten.«[6]

An dieser Stelle ist nun zu unterscheiden: nämlich zwischen einer undifferenzierten, zum Teil sicher auch läppisch-oberflächlichen Kritik am Kulturprotestantismus und einer berechtigten und bleibend notwendigen kritischen Anfrage an ihn: nämlich die Frage, ob das anvisierte Modell einer Synthese von Kultur und Religion als grundierende Einheit der Gesamtgesellschaft unter den Bedingungen der Postmoderne weiterhin ein sinnvolles Projekt ist. Bereits im Jahre 1921 hat Werner Elert in seiner umfassenden Studie zur ›Geschichte der Beziehungen zwischen dem evangelischen Christentum in Deutschland und dem allgemeinen Denken seit Schleiermacher und Hegel‹ Bedenken dagegen angemeldet, ob einer »hoffnungslos zersplitterten und jedenfalls nachweisbar unchristlich gewordenen«[7] Kultur seitens der Theologie und Kirche mit Versuchen der Synthese sinnvoll noch begegnet werden kann. Und Friedrich Wilhelm Graf, der ja seinerseits sehr viel getan hat, dem Kulturprotestantismus theologiegeschichtliche Gerechtigkeit widerfahren zu lassen, hat zu Recht darauf hingewiesen, daß die kulturprotestantischen Modernisierer mit ihren konservativen Gegner darin über einstimmten, »daß wahre menschliche Gemeinschaft nur auf dem Fundament einer Einheit von christlicher Religion und Kultur Bestand haben könnte«[8], mit der Konsequenz, daß mit dem Begriff ›Kultur‹ »noch einmal religiöse Integrationsprogramme formuliert werden, die ihrer Struktur nach dem alten Einheitsdenken verwandt sind«[9].

6. *Ernst Troeltsch,* Gesammelte Schriften. Band III: Der Historismus und seine Probleme, Tübingen 1922, S. 175
7. *Werner Elert,* Der Kampf um das Christentum, München 1921, S. 496
8. *Friedrich Wilhelm Graf,* Bedingungen der Toleranz. Protestantismus und multikulturelle Gesellschaft, in: Evangelische Kommentare 1/1990, S. 10-13; zit. Stelle S. 11.
9. Ebd.

Damit sind wir aber schon mitten in der aktuellen Debatte um die Postmoderne. Dabei stellt sich mit neuer Dringlichkeit die Frage, ob einer Verhältnisbestimmung von Theologie und Kultur eher ein *synthetischer* oder aber ein *differenz-theologischer* Ansatz gerecht wird.

II.

Unter den Bedingungen der Postmoderne gewinnen erneut diejenigen Versuche an Bedeutung, die sich im kritischen Gegenüber zu den kulturprotestantischen Bemühungen an einer Verhältnisbestimmung von Theologie und Kultur abarbeiteten. In diesem Zusammenhang ist in erster Linie an Karl Barth und Paul Tillich zu denken.

Karl Barth steht bekanntlich in dem Ruf, seine Theologie radikal kulturkritisch grundiert zu haben. Diese Perspektive mag vielleicht für die erste Auflage des ›Römerbriefes‹ stimmig sein, doch bereits zu Beginn der zwanziger Jahre ist auch bei Barth die Denkfigur der Synthese vorherrschend, um das Verhältnis von Theologie und Kultur zu bestimmen. Allerdings gebrochener als dies bei Paul Tillich der Fall ist. Barths Interesse an der Kultur ist ein dialektisch-synthetisches. Und gerade in dieser letztlich unentschiedenen Gebrochenheit ist die Bedenklichkeit der Barthschen Verhältnisbestimmung von Theologie und Kultur begründet.

In seinem berühmten Tambacher Vortrag ›Der Christ in der Gesellschaft‹ aus dem Jahre 1919 beschreibt Barth die Wirkung des Wortes Gottes als eine zentrifugale Kraft, die einen tiefen kulturellen Riß bewirkt: »Die Unruhe, die uns Gott bereitet, muß uns zum ›Leben‹ in kritischen Gegensatz bringen«[10]. Allerdings heißt es dann bereits in dem Vortrag des Jahres 1926 über ›Die Kirche und die Kultur‹: »Die Kultur ist die durch das Wort Gottes gestellte Aufgabe der in der Einheit von Seele und Leib zu verwirklichenden Bestimmung des Menschen.«[11] Doch stellt Barth diesen Satz – so als wäre er damit zu weit gegangen – sofort unter einen eschatologischen Vorbehalt. Allenfalls ›gleichnisfähig‹ ist die Kultur zur göttlichen Wahrheit hin, diese Wahrheit selbst jedoch muß *jeder* kulturellen Form letztlich äußerlich blei-

10. *Karl Barth,* Das Wort Gottes und die Theologie, München 1929, S. 44.
11. *Karl Barth,* Die Theologie und die Kirche, München 1928, S. 368.

ben. Damit gerät Barth in eine gefährliche Indifferenz, die ihn in dem berühmten offenen Briefwechsel mit Adolf von Harnack zu der im Grunde ungeheuerlichen Aussage bringt: »Schleiermachers Bangemachen vor der ›Barbarei‹ ist als unwesentlich und unsachlich abzulehnen, weil das Evangelium mit der ›Barbarei‹ so viel und so wenig zu tun hat wie mit der Kultur.«[12]

Karl Barth mögen später diese Sätze angesichts der real existierenden Barbarei der Jahre 1933-45 in den Ohren geklungen haben, jedenfalls hat er eine solche Aussage nicht mehr wiederholt. Es ist unverkennbar, daß mit der Barthschen Wende von der Dialektik hin zur Denkfigur der Analogie auch die Aussagen über die Kultur positiver werden. Allerdings ist ein bleibend paternalistischer Ton bei Barths Ausführungen zur Kultur unüberhörbar. Im Jahre 1949 nimmt Barth an den ›Rencontres Internationales de Genève‹ zum Thema ›Pour un nouvel humanisme‹ teil, wo er eine radikal christologisch zentrierte Kulturtheorie vorträgt und bei den anwesenden Philosophen, Historikern und Naturwissenschaftlern auf ein schweigsam-sprechendes Nichtverstehen stieß. Barth hat sich fünf Monate später in einem Vortrag in Zürich über dieses Nichtverstehen mokant geäußert: »Ja, die ›Exklusivität‹ der christlichen Botschaft und Theologie! Sie hat in Genf besonders in der Vorstellung meines verehrten Kollegen Jaspers, aber offenbar auch in der weiter Kreise des dortigen Publikums eine beträchtliche Rolle gespielt. Da half keine thomistische Milde und Weitherzigkeit mit der Pater Maydieu immer wieder sein Sprüchlein, und da half auch kein, wie es hieß, ›baslerischer Humor‹, in dem ich das meinige sagen wollte. Da waren offenbar Etliche, die trotz Allem die größte Angst hatten und nicht los wurden, ihnen könnte an Ort und Stelle das Schicksal Servets bereitet werden, nur weil wir beide am entscheidenden Punkt allerdings nicht verleugnen konnten, sondern wohl oder über bekennen mußten.«[13]

Was Barth offensichtlich nicht begreifen wollte, ist der Umstand, daß ein interdisziplinäres Gespräch um Fragen der Kultur sich nicht mehr exklusiv in einem Reden *über* Kultur führen läßt, sondern daß es in erster Linie um ein Gespräch *mit* den kulturell-künstlerischen Ausdrucksformen geht. Auch hier stoßen wir bei Barth auf eine merkwürdige Mi-

12. Zit. n. *Jürgen Moltmann (Hg.),* Anfänge der dialektischen Theologie. Teil 1, 2. Aufl., München 1962, S. 327.
13. *Karl Barth,* Humanismus, Zollikon-Zürich 1950, S. 25.

schung von Selbsterkenntnis und paternalistischer Mokanterie. So schreibt er an Carl Zuckmayer: »Ich bin noch sehr viel mehr als Sie ein Kind des 19. Jahrhunderts, und die moderne Welt der ›Schönen Literatur‹, des Theaters, des Films, auch die der – wie soll ich's sagen – Edel-Bohème hat mich zwar berührt, aber nie aus der Nähe erfaßt und bewegt.«[14] Und durchaus selbstkritisch äußert sich Barth in einem Brief an Kurt Lüthi: »Mir stand immer fest, daß das Problem der Kunst bzw. der Künste im Zusammenhang der eschatologischen Apokalypsis zur Sprache kommen müßte. Und etwas derartiges habe ich denn auch in der ältesten Fassung meiner Ethik tatsächlich im Umriß versucht. Unterdessen ist mir nach allerlei Anläufen zum Bewußtsein gekommen, daß ich leider, leider gerade für die ... moderne Kunst (aller drei Sparten!!) einfach kein Sensorium habe. Ein negatives Urteil ihr gegenüber habe ich nicht auf Lager, habe darum m.W. auch nie ein böses Wort über sie gesagt. Es ist nur eben traurige Tatsache, daß ich keinen Verstand, keine Augen, keine Ohren dafür habe.«[15]

Barth hat es letztlich offen gelassen, wie seine systematisch-theologischen Integrationsversuche neben seiner ästhetischen Sprachlosigkeit zu stehen kommen. Darin aber zeigt sich die Grenze seines Ansatzes, der letztlich nur eine abstrakte Synthese von Kultur und Theologie verfolgt ohne Ausweis an den konkreten Erscheinungsformen von Kultur und Kunst. Unter den Bedingungen der Postmoderne werden Theologie und Kirche jedoch nur noch Gehör finden können, wenn sie ihr Eigenes in die kulturellen Phänomene der Gegenwart einzuzeichnen vermögen. Die abstrakte Berufung auf die Groß-Erzählungen, aus denen die Theologie herkommt, vermag sicher nicht mehr zu überzeugen.

Von der bei Barth zu beobachtenden ästhetischen Sprachlosigkeit kann demgegenüber bei Paul Tillich nicht die Rede sein. Eine autobiographische Äußerung Tillichs belegt, wie genau er die Berliner Kulturszene im Übergang vom Kaiserreich zur Weimarer Republik im Auge hatte: »Künstler, Schauspieler, Journalisten und Schriftsteller waren maßgebend in dieser Gruppe. Man fand sich nicht nur in bestimmten Cafés, Häusern, Salons, sondern ebenso in bestimmten, vom eigentlichen Bürgerpublikum verschonten Orten am Meer ... Man

14. Späte Freundschaft in Briefen. *Carl Zuckmayer/Karl Barth,* 9. Aufl., Zürich 1991, S. 12.
15. *Karl Barth*, Briefe 1961-1968 (hg. von Jürgen Fangmeier und Hinrich Stoevesandt), Zürich 1975, S. 145.

lebte in den internationalen Bewegungen in Kunst und Literatur, war skeptisch und religiös, radikal und romantisch, von Nietzsche beeinflußt und antimilitaristisch, psychoanalytisch und expressionistisch zugleich.«[16] Man merkt es den Äußerungen Tillichs zu Kunst und Theologie an, daß er sich weit intensiver auf Kunst und Kultur in ihrer Eigendynamik einläßt, als dies bei Karl Barth der Fall ist. Vor allem ist deutlich, daß er in seiner begrifflichen Analytik dieser Eigendynamik gerecht werden will. So arbeitet Tillich gerne mit den Unterscheidungspaaren von ›Form und Gehalt‹ oder ›Form und Substanz‹. Wie immer man die Brauchbarkeit dieser Unterscheidungen beurteilen mag, so ist auf jeden Fall bemerkenswert, daß er mit diesen Begriffspaaren nicht allein den theologischen oder philosophischen Horizont im Blick hat, sondern daß es ihm damit auf die Wahrnehmung einer genuin ästhetischen Problematik ankommt.

Allerdings ist die Wahrnehmung der ästhetischen Erscheinungsformen bei Tillich immer sofort quasi überhöht durch eine theologisch-philosophische Synthese, wobei sich im Verlauf der Entwicklung seines Denkens, das synthetische Interesse immer stärker zur Geltung bringt. Bereits im Vortrag des Jahres 1924 über ›Kirche und Kultur‹ findet sich die berühmte Formel: »Der tragende Gehalt der Kultur ist die Religion, und die notwendige Form der Religion ist die Kultur.«[17] Wie weit sich in dieser Verhältnisbestimmung das synthetische Interesse zur Geltung bringt, wird nicht zuletzt darin deutlich, daß Tillich die Äußerungsformen einer humanistischen Kultur rundweg zur »latenten Kirche« erklären kann.[18]

Damit aber stehen wir vor einer spezifischen Problematik. Michael Palmer hat eine detaillierte Studie zu ›Paul Tillich's Philosophy of Art‹ vorgelegt. Palmer weist zu Recht darauf hin, daß Tillichs Kunsttheorie eine einzige Grundausrichtung hat, die darin bestehe, »daß sie das synthetische Bestreben seiner Theologie der Kultur unterstützt«[19]. Tillichs

16. *Paul Tillich,* Begegnungen. Paul Tillich über sich selbst und andere. Gesammelte Werke Band XII, Stuttgart 1971, S. 18.
17. *Paul Tillich,* Die religiöse Substanz der Kultur. Schriften zur Theologie der Kultur. Gesammelte Werke Band IX, Stuttgart 1967, S. 42.
18. Vgl. dazu a.a.O., S. 59ff. und 80f.
19. Vgl. dazu *Michael F. Palmer,* Paul Tillich's Philosophy of Art, Berlin/New York 1984, S. 176. Die Zitate aus Palmer formuliere ich, da es keine autorisierte deutsche Übersetzung gibt, in eigener Übersetzung.

Kunstphilosophie basiere eben »nicht allein auf seiner Beobachtung von Kunstwerken und Techniken, sondern auf seinem theologischen und philosophischen Denken«[20]. Bei Tillichs sei ein »ästhetisches Urteil nur innerhalb der Grenzen seines theologischen und philosophischen Konzeptes«[21] möglich. Zusammenfassend formuliert Palmer: »Tillich ist nicht einer derjenigen Kunstphilosophen, die behaupten, daß Ästhetik mit einer Analyse der Objekte der Kunst beginnen müsse, daß diese Objekte eine eigene Welt darstellen, und daß diese Welt unterschieden ist von unseren gewöhnlichen Erfahrungen. Im Gegenteil, Tillich glaubt nicht nur, daß der künstlerische Gegenstand, wie jedes andere Element der Realität, determiniert ist von ontologischen Rahmenbedingungen, sondern auch daß ausschließlich durch eine umfassende Theorie der Wirklichkeit die letztendliche Bewandtnis der künstlerischen Aktivität begriffen werden kann.«[22]

Damit stehen wir genau vor jener Problematik, wie sie Thomas Erne in seiner Dissertation über ›Lebenskunst. Aneignung ästhetischer Erfahrung‹ formuliert hat. Erne weist darauf hin, daß die neueren Kunsttheorien, nicht zuletzt unter dem Einfluß der Diskussion um die Postmoderne, in der Regel sehr genau wissen, »daß die Kunst in der Gegenwart auf keinen einheitlichen Nenner zu bringen ist.«[23] Und er fährt fort: »Die differenzierte Vielfalt ästhetischer Phänomene und Kunsttheorien ist im Gegenteil Ausdruck der Autonomie moderner Kunst, die auch und gerade im Widerstand gegen eine umfassende philosophische Ästhetik den neuzeitlichen Grundzug der Kunst der Gegenwart ausmacht.«[24]

Versagt also die Kulturtheologie Paul Tillichs vor den konkreten Äußerungsformen der Gegenwartskunst? Ich denke, daß wir diese Frage bejahen müssen. Tillichs einprägsamer Doppelsatz ›Der tragende Gehalt der Kultur ist die Religion, und die notwendige Form der Religion ist die Kultur‹ ist zumindest in seinem ersten Teil äußerst fragwürdig. Wir geraten damit zwischen Skylla und Charybdis. Entweder wir entleeren den Begriff der Religion von allen Inhalten und beschränken uns

20. Ebd.
21. A.a.O., S. 177.
22. Ebd.
23. *Paul Thomas Erne,* Lebenskunst. Aneignung ästhetischer Erfahrung. Ein theologischer Beitrag zur Ästhetik im Anschluß an Kierkegaard, Kampen 1994, S. 14.
24. Ebd.

auf einen rein funktionalen Religionsbegriff. Nur, was erklärt uns dann der Begriff der Religion noch, wenn ein Lenin genauso wie Mutter Theresa, wenn ein Ajatollah Chomeini genauso wie Martin Niemöller mit ›Religion‹ zu tun haben? Bis zum Erweis des Gegenteils scheint mir eine Reserve gegenüber dem theoretischen Erhellungsgehalt eines funktionalen Religionsbegriffes angebracht.

Folgen wir jedoch einem inhaltlichen Verständnis von Religion stehen wir vor einem anderen Dilemma. Läßt sich dann Religion noch als die Substanz der Kunstwerke der Gegenwart ausmachen? Zweifellos geraten wir bei einem Joseph Beuys, ich denke auch in weiten Bereichen der expressionistischen Kunst sehr material in Berührung mit Religion. Das gehört zur differenzierten Vielfalt der neuzeitlichen Kunst. Wie aber verhält es sich etwa mit der Picasso-Ziege, mit den Wasserspielen der Niki St. Phalle, den maschinellen Installationen eines Jean Tingueley? Wo verbirgt sich da Religion im materialen Sinne?

Ich vermute, daß der gegenwärtigen Attraktivität des Religionsbegriffes auch ein Moment innewohnt, das vor allem einer psychologischen Erklärung bedarf. Dabei bin ich mir der Fragwürdigkeit dessen bewußt, in philosophische und theologische Kontroversen psychologische Erklärungen einzuzeichnen. Aber könnte es nicht sein, daß in Kirche und Theologie versucht wird, mit dem Begriff der ›Religion‹ *theoretisch* jenes Terrain besetzt zu halten, daß uns bereits in der klassischen industriegesellschaftlichen Moderne und erst recht unter den Bedingungen der Postmoderne *praktisch* schon längst verloren gegangen ist. Könnte es nicht sein, daß wir mit unserer überbordenden Rede von ›Religion‹ die Augen verschließen vor dem, was Eberhard Jüngel jüngst mit Blick vor allem auf die neuen Bundesländer »das qualitative und quantitative Wachstum einer elementaren religiösen Bedürfnislosigkeit« genannt hat, »die in einer keineswegs aggressiven Areligiosität nummehr ihr ›Reifestadium‹ gefunden hat«[25]. Und Jüngel fährt dann fort: »Der Atheismus hätte dann das Stigma von Ehrlichkeit an sich, über die man mit dem Hinweis auf die in das angeblich religionslos gewordene Europa zurückkehrende neue Religiosität und mit dem Verweis auf die im Verhältnis zur Gesamtbevölkerung trotz aller Kirchenaustritte noch immer re-

25. *Eberhard Jüngel,* Untergang oder Renaissance der Religion? Überlegungen zu einer schiefen Alternative, in: *Erwin Teufel (Hg.),* Was hält die moderne Gesellschaft zusammen?, Frankfurt 1996, S. 176-197, zit. Stelle S. 184f.

spektable Zahl von Kirchenmitgliedern sich nur um den Preis der Selbsttäuschung hinwegtrösten kann.«[26]

Angesichts dieses Sachverhalts scheint mir die Synthese von Theologie und Kultur über den Religionsbegriff auf jeden Fall kein erfolgversprechendes Unternehmen mehr zu sein, wie ich überhaupt angesichts der postmodernen Vielfalt kultureller Phänomene gegenüber einem umgreifenden synthetischen Interesse skeptisch bin.

III.

Vor dem Hintergrund der bisherigen Überlegungen stellt sich jetzt natürlich die Frage, ob und inwiefern es eine Alternative zu den Versuchen einer synthetischen Annäherung von Theologie und Kultur gibt?

Gewiß wird es ›Theologie‹ nur geben, wenn sie auf ›Kultur‹ bezogen und so immer auch in Kultur verwoben ist. Diese zunächst banale Feststellung beschreibt nicht allein eine hermeneutische Grundvoraussetzung aller sinnvollen theologischen Bemühung, sondern in dieser Aussage meldet sich sozusagen auch ein protestantischer Urinstinkt an.

Worin besteht dieser protestantische Urinstinkt? Er begegnet uns in Martin Luthers Reserve gegenüber der schriftlichen Tradierungsform des Gotteswortes und seiner Favorisierung der Mündlichkeit. Dabei ist nicht in erster Linie Luthers schroffe Entgegensetzung von Schriftlichkeit und Mündlichkeit von Bedeutung, die in dieser Exklusivität und auch Beschränkung gerade unter ästhetischen Gesichtspunkten als zu eng erscheint. Es sei in diesem Zusammenhang nur an die bündige Feststellung von Eilert Herms erinnert, »daß die Rede von der ›Kirche des Wortes‹ nicht das *Medium* der Glaubenskommunikation meint, *sondern den Grund und den Gegenstand des Glaubens und der Glaubensgemeinschaft*, nämlich das Offenbarwerden und das Offenbarsein des Sachverhalts, daß das Christusbekenntnis der Jünger Jesu (also der Kirche) *wahr* ist«[27].

Bedeutsam ist in diesem Zusammenhang das theologische Motiv, das Luthers Interesse an der Mündlichkeit des Gotteswortes, begrün-

26. A.a.O., S.185.
27. *Eilert Herms,* Offenbarung und Glaube. Zur Bildung des christlichen Lebens, Tübingen 1992, S. 221.

det. Dieses Motiv wird bereits kenntlich in der Art und Weise, wie Luther diese von ihm ins Auge gefaßte Mündlichkeit des Gotteswortes beschreibt: Evangelium ist für Luther »gut geruсht, rede, geschrey von Christo«[28] oder wie er an anderer Stelle formuliert »gute botschafft, gute meher, gutte newzeytung, gutt geschrey«[29]. Oder in einem etwas ausführlicheren Zusammenhang: »Alßo haben wir vorhin offt gesagt, das das Euangelion eygentlich sey nit das geschriben ist ynn büchern, ßondern eyn leybliche predigt, die da erschallen sol und gehört werden ynn aller wellt und ßo frey auß geruffen werden fur allen creaturen, daß sie es alle hören mochten, wenn sie ören hetten, das ist, man sol es ßo offentlich predigen, das es nicht kund offentlicher gepredigt werden.«[30]

In diesen Sätzen melden sich zwei Motive an, die gegenseitig aufeinander verweisen und in der sachlichen Konsequenz zu einer untrennbaren Einheit verschmelzen. Zum einen bestimmt Luther das Wort Gottes als ein *aktuales* Wort. Es wird in sich je neu ereignenden Akten der Wahrnehmung vernommen. Es läßt sich als Wort Gottes nicht fixieren, auch nicht in der Form der biblischen Verschriftlichung. Hier hat Luther den postmodernen Verdacht gegen die großen Erzählungen auf seine spezifische Art und Weise vorweggenommen. Zum anderen insistiert Luther auf der *Öffentlichkeit* dieser sich je aufs neue ereignenden Wahrnehmungsakte. Die Wahrnehmung des Wortes Gottes vollzieht sich nicht in Form privater Offenbarungen oder kultureller Sondersprachen, sondern im öffentlichen Raum. Diese beiden Elemente, Aktualität und Öffentlichkeit, sind in einer spannungsreichen Dynamik miteinander verknüpft. Dort, wo das Wort Gottes aktual wahrgenommen wird, entsteht zugleich ein öffentlicher Raum der Wahrnehmung, der nicht vorab gesichert werden kann. Weder ein Lehramt, noch eine Traditionsleitung, noch ein bestimmter liturgischer Rahmen vermögen das Entstehen dieses öffentlichen Raumes von Wahrnehmung zu sichern. Dieser Raum entsteht im Moment der Wahrnehmung. Das vernommene Wort Gottes bringt seine eigene Öffentlichkeit mit sich.

Luther benötigt also weder den Begriff der Religion noch eine vorgängige theologische Definition von Kultur, um die Kulturbezogenheit

28. WA 17, 2; 73,34f.
29. WADB 6; 2,23-25.
30. WA 12; 556, 9-15.

des Wortes Gottes in ihrem praktischen Vollzug zu begreifen. Dies nenne ich einen protestantischen Urinstinkt.

Beinhaltet dieser protestantische Urinstinkt auch unter postmodernen Bedingungen ein einsehbares Maß an Plausibilität? Läßt sich eine autonom und radikal plural gewordene Kultur durch eine sie reflektierende Ästhetik theologisch heteronom denken, ohne diese Autonomie zu verletzen und dies noch unter verschärften, sprich: postmodernen Bedingungen?

IV.

Die Frage nach einer theologischen Ästhetik spitzt sich unter diesen verschärften Bedingungen postmoderner Befindlichkeit dramatisch zu – und sie stellt zugleich die Möglichkeiten für ihre positive Beantwortung bereit. Damit ist zugleich die Konstellation benannt, von der aus die Suche nach einer Verhältnisbestimmung von Theologie, Kirche und Kultur ihren Ausgang nennen muß. Weder kann heute noch die Einsicht in die lebensgeschichtliche Relevanz der Groß-Erzählung Christentum vorausgesetzt werden, noch gibt es einen gemeinsamen unbestrittenen Fundus verbindender kultureller Überlieferungen. Lebensgeschichtliche Bedeutung kann also nur dort entstehen, wo *einzelne* Elemente der Groß-Erzählung Christentum sich mit Elementen gegenwärtiger kultureller Lebenswelten verbinden. Unter den Bedingungen der Postmoderne kann dies kein umfassender, kontinuierlich verlaufender und sich stetig entwickelnder Prozeß mehr sein. Es geht um *aktuale Konstellationen und Inszenierungen*, in denen ›Bedeutung‹ freigesetzt wird. Hier verbinden sich Erfahrungsgehalte der Postmoderne mit dem, was ich den protestantischen Urinstinkt genannt habe.

Dies bedeutet nun konkret, daß sich die lebensgeschichtliche Bedeutung der biblischen Überlieferung in einer Beschränkung auf binnenkirchliche Milieus und Tradierungsformen nicht mehr darstellen läßt. In dieser Beschränkung wird sich diese lebensgeschichtliche Bedeutung nur noch weiter verflüchtigen. Daraus ergibt sich die Nötigung, sich *vorbehaltlos* auf die kulturellen Erscheinungsformen unserer Gegenwart einzulassen. In diesem Prozeß des Einlassens müssen sich dann jedoch auch die notwendigen Unterscheidungen und gegebenenfalls Scheidungen ergeben.

Ich möchte diesen Prozeß, wie er mir vorschwebt, in einigen wenigen

Strichen phänomenologisch nachzeichnen: Ich komme aus einer Tradition her, auf die ich mich beziehe. Nennen wir sie einmal vorläufig die Gottesgeschichte. Eine Geschichte mit klaren Konturen: sie hat zu tun mit der Erwählung Israels, dem Kreuz auf Golgatha und dem Ostermorgen. Diese Geschichte ist mir nur bekannt durch eine lange Reihe kultureller Vermittlungen, die zu Erhellungen wie zu Verunklarungen dieser Geschichte geführt haben. Mit dieser Geschichte im Rücken betrete ich den kulturellen Raum meiner Gegenwart und stoße dort auf eine Fülle von Erfahrungen, Perspektiven und Wahrnehmungen, die ihrerseits aus einer Gemengelage kultureller Vermittlungen erwachsen sind. Ohne das Ziel einer umfassenden Synthese entstehen nun – geplant und ungeplant – neue Konstellationen, in denen sich die kulturell vermittelte Gottesgeschichte und die kulturell vermittelten Wahrnehmungen unserer Gegenwart brechen. Die theologische Aufgabe besteht nun darin, sich diesen Brechungen zu stellen und sie ihrerseits reflektiert zur Darstellung zu bringen. Dies verändert wiederum die bereits kulturell vermittelte Gottesgeschichte. Dieser so begriffene und in Angriff genommene Tradierungsvorgang wird zum tendenziell unabschließbaren Prozeß kultureller Inszenierungen.

Theologisch qualifiziert ist dieser Prozeß dadurch, daß ich eine Treuevereinbarung eingegangen bin gegenüber der Gottesgeschichte. Es ist mein Interesse, *diese bestimmte* Gottesgeschichte und nicht eine beliebig andere in neuer kultureller Vermittlung zur Darstellung zu bringen. Daß sich im Verlauf dieser Inszenierungen, eine neue Tragfähigkeit der kulturell vermittelten Gottesgeschichte einstellt, ist eine Ausgangsvermutung, aber auf keinen Fall ein vorweg verordnetes Ergebnis. Dies ist das Wagnis, das ich eingehe. Vielleicht könnte man dieses Wagnis – analog zum protestantischen Urinstinkt – das protestantische Urrisiko nennen. Dieses Risiko zu wagen, ist ein Kennzeichen des Protestantismus.

Wie können solche ›protestantische Inszenierungen‹ der Gottesgeschichte aussehen? Dies sei an zwei Beispielen illustriert.

Henning Luther hat in vielen seiner Predigten deutlich gemacht, daß sich unter den Bedingungen der Postmoderne die Gestalt der traditionellen Predigt wandeln muß. Biblische Texte bedürfen einer Inszenierung, die sich weder – wie aber schon einmal dargestellt[31] – der vormo-

31. Vgl. dazu auch das Kapitel 1.1 dieses Buches.

dernen Behauptung der Anwesenheit Gottes verschreiben noch auf dem klassisch-liberaltheologischen Weg über die Rekonstruktion einer religiösen Persönlichkeit der modernen Behauptung der Abwesenheit Gottes sich widersetzen darf.

Kühner noch als die inszenatorischen Bemühungen Henning Luthers mutet ein Vorschlag an, den Hermann Timm gemacht hat. »Denkbar wäre folgendes: Von einer funktionslos gewordenen Altstadtkirche werden die Türen entfernt, damit sie Tag und Nacht öffentlich begehbar ist. Man räumt Sitzgelegenheiten aus, die an einen Hörsaal denken lassen, beseitigt die Orgel, die zum Musentempel prädestiniert, und kommt überein, in ihr keine Predigt und keinen Gottesdienst mehr zu halten. Nur die historische Sakralarchitektur mit dem Kruzifix als Blickfang in der Apsis, über einer geschlossenen Bibel thronend, den ungelesenen Memoiren des Hausherrn von einst. Im übrigen Stille, Totenstille. Ruhe. Grabesruhe, wie auf dem Friedhof, dem Gottesacker. Menschenleere, Gottesleere, Gottes-Leere. Metropolis – Nekropolis, wie ein protestantisches Mausoleum, von öffentlicher Hand und kirchlicher Lehre gemeinsam in diese Bedeutung eingesetzt, um den vergessenen, verleugneten, verdrängten Kulturort der Urbanität zu erinnern – schweigend. Das könnte eine beiderseits ehrliche Symbolisierung der Situation sein, ohne daß man sich auf den konfessionellen Kirchenzentrismus von gestern verpflichtete ... Stadtkirche zeige deine Wunde.«[32]

Solche Inszenierungen können zu gelungenen Konkretionen einer verantwortlichen Verhältnisbestimmung von Theologie, Kirche und Kultur unter den Bedingungen der Postmoderne werden. Eine Verhältnisbestimmung quasi als Ausdruck einer ›minimal art‹ im Reich des Denkens.

Günter Figal hat im Rahmen einer Ringvorlesung der Evangelisch-Theologischen Fakultät in Tübingen in einem Vortrag über den ›Sinn des Verstehens‹ drei verschiedene Ausprägungen eines hermeneutischen Weltzugangs unterschieden, nämlich eine ›Hermeneutik wirkungsgeschichtlichen Geschehens‹, eine ›Hermeneutik perspektivischer Integration‹ und eine ›Hermeneutik sich ereignender Konstellationen‹.[33] Die Hermeneutik der Wirkungsgeschichte lebt »vom

32. *Hermann Timm,* Das ästhetische Jahrzehnt. Zur Postmodernisierung der Religion, Gütersloh 1990, S. 132.

33. Vgl. dazu *Günter Figal,* Der Sinn des Verstehens, in: Zeitschrift für Theologie und Kirche, Beiheft 9 (1995), S. 3-15.

Vertrauen auf die Geschlossenheit und Kontinuität von Traditionen«[34]. Dieser Konzeption von Hermeneutik sind so herausragende Denker wie Friedrich Schleiermacher und Hans-Georg Gadamer verpflichtet. Die Hermeneutik perspektivischer Integration geht demgegenüber davon aus, »daß die Vollzüge des Verstehens keinen sie umgreifenden Zusammenhang im Sinne einer Tradition darstellen, sondern einen Zusammenhang erst bilden ... Geschichte erscheint hier als unübersehbare Vielfalt von Erinnerungsbildern, als Arsenal von Relikten und Zeugnissen, in dem man Gefahr läuft, sich zu verlieren.«[35] Es ist deutlich, daß dieser Typus von Hermeneutik gegenwärtig unter dem von Jacques Derrida geprägten Stichwort der ›Dekonstruktion‹ eine große Vitalität und Produktivität entfaltet. Diesen beiden Ausprägungen von Hermeneutik steht nun die ›Hermeneutik sich ereignender Konstellationen‹ gleichabständig gegenüber. Ihr geht es darum, »an einer plötzlich aufleuchtenden Möglichkeit des Verstehens die Erfahrung eines Freiraums zu machen, in den Eigenes und Fremdes – nicht bloß Verfremdetes – gleichermaßen gehören«[36].

Es dürfte deutlich geworden sein, daß der in diesem Buch gewählte Weg einer Zuordnung von Theologie, Kirche und Kultur diesem dritten von Figal gezeichneten Typus hermeneutischen Verstehens sehr nahe kommt. Bereits in meiner Habilitationsschrift über ›Praktische Theologie und Ästhetik‹ habe ich den Begriff der ›Konstellation‹ für eine theologische Ästhetik fruchtbar zu machen versucht.[37] Eine solche theologische Ästhetik der Konstellation besteht in einer Verpflichtung und in einem Wagnis. Die Verpflichtung ist der einmal eingegangene Treuepakt mit der Gottesgeschichte. Das Wagnis besteht darin, daß wir nie wissen können, wie verwandelt wir aus einer Konstellation, in die wir uns hineinbegeben oder in die wir versetzt werden, wieder herauskommen. Wer diese urprotestantische Doppelung von Wagnis und Verpflichtung dann Kulturprotestantismus nennen möchte, darf dies gerne tun.

34. A.a.O., S. 11.
35. A.a.O., S. 12.
36. A.a.O., S. 13.
37. Vgl. dazu *Albrecht Grözinger,* Praktische Theologie und Ästhetik, 2. Aufl., München 1991, bes. 131-134.

2.2 Erinnerung und Humanität

I.

Die Postmoderne hat ein prekäres Verhältnis zur Geschichte. Bereits der Begriff der Geschichte ist in den Generalverdacht gegen die großen Erzählungen einbezogen. Ist das, was wir ›Geschichte‹ nennen nicht eine Fiktion? Ein Konstrukt in verdachtswürdigem Interesse? Bernard-Henri Levy hat diesen Verdacht folgendermaßen auf den Begriff gebracht: »Der Historiker bringt niemals eine schweigende Vergangenheit zum Reden; er macht die hypothetische Stütze einer Ordnungsfindung, an der er sich versucht, zum Ereignis; er erklärt nicht bislang Unerklärtes, sondern integriert es in eine Reihe abstrakter Einsehbarkeiten, wo er einen Rand, einen Drehpunkt oder ein Kettenglied setzt; es gibt überhaupt keine Vergangenheit, sondern lediglich einen schwerwiegenden und zugleich zufälligen Eingriff, der das Wirkliche produziert, von dem er redet, und auch den Boden, auf dem er geschieht.«[38]

Nun weiß die Geschichtswissenschaft schon seit längerem, daß sie nicht voraussetzungslos davon berichten kann, – so die emphatische Formulierung Leopold von Rankes – ›wie es denn eigenlich gewesen ist‹. Geschichtsschreibung enthält immer ein fiktionales Moment. Doch folgt daraus, daß Geschichtsschreibung willkürlich sei? Läßt sich daraus der Verzicht auf den Begriff der Geschichte überhaupt ableiten?

Die Antwort auf diese Fragen läßt sich am ehesten dadurch finden, wenn wir uns vor Augen stellen, was geschieht, wenn im postmodernen Generalverdacht gegen die großen Erzählungen auch der Begriff von Geschichte und die Einsicht in Geschichte verloren ginge. Jedes einzelne geschichtliche Ereignis bekäme einen prekären Status. Weniger dadurch, daß es nur als zufälliges, absolut kontigentes Ereignis erschiene. Jedes geschichtliche Ereignis ist in gewisser Hinsicht kontingent, wenn auch nicht voraussetzungslos oder folgenlos. Aber gerade die Voraussetzungen und Folgen eines geschichtlichen Ereignisses stehen in der Gefahr dort verloren zu gehen, wo auf den Begriff der Geschichte verzichtet wird.

Es ist sicher kein Zufall, daß die beiden Begriffe ›Geschichte‹ und ›Erinnerung‹ in der theologischen Tradition immer wieder in engem

38. *Bernard-Henri Levy,* Die Barbarei mit menschlichem Gesicht, Reinbek 1978, S. 40.

Zusammenhang stehen. Nicht zuletzt scheint damit die Conditio humana schlechthin auf dem Spiel zu stehen. Was geschieht dort, wo ›Geschichte‹ und ›Erinnerung‹ der Beliebigkeit überlassen werden? Was geschieht, wenn die geschichtlichen Spuren gerade derer verlorengehen, die nicht als die Sieger aus geschichtlichen Prozessen hervorgehen? Werden die unverwechselbaren Spuren einzelner Lebensschicksale, um die es auch einem Bernard-Henri Levy geht, nicht in einem viel stärkeren Ausmaße durch Auslöschung gefährdet sein, als dort, wo auf einem emphatischen Zusammenhang von ›Geschichte‹ und ›Erinnerung‹ beharrt wird.

Es ist wiederum sicher kein Zufall, daß die jüdische und christliche Tradition auf diesem Zusammenhang von ›Geschichte‹ und ›Erinnerung‹ beharrt. Dies hat mit der spezifischen Gottes- und Welterfahrung zu tun, die in der biblischen Überlieferung zum Ausdruck kommt. Deshalb hat diese Tradition in der gegenwärtigen Kontroverse um die Bewertung von Geschichte ein gewichtiges Wort mit zu sprechen. Warum dies so ist, möchte ich im Folgenden exemplarisch erörtern.

Dabei verdanken sich meine Überlegungen einer Einladung zu einem Vortrag auf einer Tagung in Berlin zum Zusammenhang von Geschichtsbild und Architektur. Die durch die deutsche Vereinigung notwendig gewordene städtebauliche Neugestaltung weiter Teile Berlins hat uns vor die Frage nach Geschichte und Erinnerung auf überaus konkrete Weise gestellt. Was soll in der städtebaulichen Gestaltung Berlins rekonstruiert und damit ›erinnert‹ werden? Wo sollen neue Akzente gesetzt werden, die damit das Alte in gewisser Hinsicht ›vergessen‹ machen? Was sind die Kriterien für eine solche Entscheidung? Selten wird der Zusammenhang von Erinnerung und Humanität so konkret, aber auch so kontrovers diskutiert wie in dieser Berliner Debatte. Selten wurde aber auch deutlich, daß ein postmoderner Verzicht auf diesen Zusammenhang nicht einen Freiheitsgewinn bedeutet, sondern vielmehr einen Verlust an humanem Lebensraum.

Was hat die Theologie in dieser Debatte zu sagen? Walter Benjamin hat in seinen Thesen ›Über den Begriff der Geschichte‹ die Konstruktion des Maelzel'schen Schachautomaten aus dem 19. Jahrhundert als Allegorie einer Ortsanweisung für die Theologie gelesen. Soll dieser Automat den Eindruck vermitteln, eine mechanische Puppe beherrsche souverän das Spiel, so lenkte in Wahrheit ein in der Puppe sitzender menschlicher Zwerg die Züge des Spiels. »Zu dieser Apparatur«, so führt Benjamin aus, »kann man sich ein Gegenstück in der Philosophie vorstellen. Gewinnen soll immer die Puppe, die man ›historischen Materialismus‹ nennt. Sie kann es ohne weiteres mit jedem aufnehmen, wenn sie die Theologie in ihren Dienst nimmt, die heute bekanntlich klein und häßlich ist und sich ohnehin nicht darf blicken lassen.«[39]

Walter Benjamin läßt es bei seiner Formulierung offen, ob dies nun eine devote oder eine hybride Ortszuweisung für die Theologie ist. Auf jeden Fall ist es eine Ortszuweisung im Dazwischen: Zwischen Architektur und ihren politischen und ökonomischen Vorgaben sowie zwischen der Geschichte und den Gestaltungaufgaben, die für die Zukunft aus dieser Geschichte erwachsen. Alles also Stichworte, die die Architekturdebatte besonders in Berlin in den letzten Jahren bestimmt haben.

Dieser Ort des theologischen Dazwischen sei mit zwei historischen Erinnerungen markiert. Sie sollen zeigen, daß der genuin theologische Beitrag zum Zusammenhang von Geschichte und Architektur sich sachlich am Begriff der Erinnerung festzumachen hat.

Die erste historische Reminiszenz gilt der Katastrophenerfahrung angesichts von Auschwitz und des Archipel Gulag, die ja nicht zuletzt in den Diskussionen um das Berliner Holocaust-Mahnmal sehr kontrovers thematisch wurde. Die zweite historische Reminiszenz führt uns historisch weit zurück an die Schwelle der Staatswerdung des biblischen Volkes Israels zur Zeit Davids und Salomos. Hier treffen wir auf einen beachtlichen Architekturstreit, dessen Nachwirkungen wir bis auf den heutigen Tag noch spüren.

II.

In der Zeit der sich stabilisierenden faschistischen Diktatur in Deutschland aber noch vor dem Überfall der Wehrmacht auf Polen entfaltete sich zwischen Walter Benjamin und Max Horkheimer eine Kontroverse über den Begriff der Geschichte und die Aufgabe der Historikers, die für unseren Zusammenhang von unmittelbarer Bedeutung ist.

Wahrscheinlich bei einem Treffen im Pariser Exil hat Horkheimer im Jahre 1933 Benjamin gebeten, für die ›Zeitschrift für Sozialforschung‹ einen Aufsatz über den Kulturtheoretiker Eduard Fuchs zu verfassen. Obwohl Benjamin dem Ansinnen zunächst zögernd gegen-

39. *Walter Benjamin,* Gesammelte Schriften, Band I/2, Frankfurt 1980, S. 694.

übersteht, macht er sich dennoch bald an eine intensive Lektüre der Bücher von Fuchs. Am 28. Februar 1937 schließlich sendet Benjamin das fertige Manuskript an Horkheimer, der sich inzwischen in den USA befindet und in New York das exilierte Institut für Sozialforschung etabliert hat. Horkheimer antwortet auf das Benjamin'sche Manuskript in einem langen Schreiben vom 16.3.1937. Nach einem einleitenden pauschalen Lob fügt er eine lange Liste kritischer Anmerkungen bei, teils stilistischer Art, teils die Inhalte betreffend. Man kann nur erahnen, wie der unüberlesbar schulmeistertliche Stil des Briefes auf Benjamin gewirkt haben mag.

Die Leidenschaft der Kritik Horkheimers entzündete sich insbesondere an einer bemerkenswerten Stelle des Aufsatzes. Dort hatte Benjamin formuliert: »Es ist niemals ein Dokument der Kultur, ohne zugleich ein solches der Barbarei zu sein. Dem Grundsätzlichen dieses Tatbestandes ist noch keine Kulturgeschichte gerecht geworden, und sie kann das auch schwerlich hoffen. Dennoch liegt hier das Entscheidende. Ist der Begriff der Kultur für den historischen Materialismus ein problematischer, so ist ihr Zerfall in Güter, die der Menschheit ein Objekt des Besitzes würden, ihm eine unvollziehbare Vorstellung. Das Werk der Vergangenheit ist ihm nicht abgeschlossen. Keiner Epoche sieht er es dinghaft, handlich in den Schoß fallen, und an keinem Teil.«[40]

Auf diese Stelle repliziert Horkheimer folgendermaßen: »Über die Frage, inwiefern das Werk der Vergangenheit abgeschlossen ist, habe ich seit langem nachgedacht. Ihre Formulierung mag ruhig so stehen bleiben, wie sie ist. Persönlich mache ich das Bedenken geltend, daß es sich auch hier um ein dialektisch zu fassendes Verhältnis handelt. Die Feststellung der Unabgeschlossenheit ist idealistisch, wenn die Abgeschlossenheit nicht in ihr aufgenommen ist. Das vergangene Unrecht ist geschehen und abgeschlossen. Die Erschlagenen sind wirklich erschlagen. Letzten Endes ist ihre Aussage theologisch. Nimmt man die Unabgeschlossenheit ganz ernst, so muß man an das Jüngste Gericht glauben. Dafür ist mein Denken jedoch zu sehr materialistisch verseucht.«[41] Der historische Materialist Horkheimer wittert also bei Benjamin einen theologischen Rest, den er gerne getilgt sähe. Benjamin seinerseits hat in der direkten Auseinandersetzung mit Horkhei-

40. A.a.O., Band II/2, S. 477.
41. A.a.O., Band II/3, S. 1332.

mer – wie so oft – diplomatisch vorsichtig geantwortet. In einem Brief vom 28.3.1937 schreibt er an Horkheimer: »Sehr bedeutsam ist für mich Ihr Exkurs über das abgeschlossene oder aber offene Werk der Vergangenheit. Ich glaube ihn durchaus zu verstehen ...«[42] Die direkte Konfrontation mit Horkheimer scheut Benjamin jedoch an dieser Stelle und zu dieser Zeit. Umso mehr führt er diese Auseinandersetzung auf indirekte Weise fort. Im Passagenwerk, an dem Benjamin zu dieser Zeit intensiv arbeitet, findet sich seine Position gegenüber Horkheimers Einspruch klar und pointiert formuliert: »Das Korrektiv dieser [sc. Horkheimers] Gedankengänge liegt in der Überlegung, daß die Geschichte nicht allein eine Wissenschaft sondern nicht minder eine Form des Eingedenkens ist. Was die Wissenschaft ›festgestellt‹ hat, kann das Eingedenken modifizieren. Das Eingedenken kann das Unabgeschlossene (das Glück) zu einem Ab[ge]schlossenen und das Abgeschlossene (das Leid) zu einem Unabgeschlossenen machen. Das ist Theologie; aber im Eingedenken machen wir eine Erfahrung, die uns verbietet, die Geschichte grundsätzlich atheologisch zu begreifen, so wenig wir sie in unmittelbar theologischen Begriffen zu schreiben versuchen dürfen.«[43]

Der letzte Satz sollte die Theologie davor bewahren, nun ihrerseits Benjamin theologisch vereinnahmen zu wollen. Die Theologie kann sich jedoch von Benjamin auf eine Spur setzen lassen, die sie dann an ihr Ureigenes heranführt.[44]

Denn in die biblische Tradition ist das ›Gedenken‹ als humanisierender anthropologischer Grundvollzug sowie als in äußerst zugespitzter Weise theologische Kategorie gleichermaßen eingezeichnet. Biblische Theologie ist in hohem Maße Gedächtnis-Theologie. Diese Perspektive verbindet die beiden Teile der Bibel, das Alte und das Neue Testament, miteinander. Das glaubende Selbstverständnis, die Identität Israels ist entscheidend durch die Haltung des Gedenkens bestimmt. Das von dem Alttestamentler Gerhard von Rad so benannte ›Kleine Geschichtliche Credo‹ in Deuteronomium 26 ist ein eindrückliches Dokument dieses Sachverhalts. Bekenntnis ist dort die erinnernde Erzählung der Befreiungsgeschichte, in die Gott sein Volk hineingezogen hat. Dieses geden-

42. A.a.O., S. 1138.
43. A.a.O., Band V/1, S. 589.
44. Dieses Vorgehen ist zugleich das Grundmodell, nach dem sich Theologie und Kirche auf die postmoderne Vielfalt der Kulturen einlassen können.

kende Erinnern bekommt in den Psalmen und der prophetischen Überlieferung eine universale Dimension. In das Gedenken Israels wird die ganze Welt mit hinein genommen: »Es werden gedenken und sich zum Herrn bekehren aller Welt Ende und vor ihm anbeten alle Geschlechter der Heiden« (Psalm 22,28). Getragen jedoch ist in der biblischen Perspektive das menschliche Gedächtnis vom Gedenken Gottes, wobei dieses göttliche Gedenken immer als aktive Tat verstanden ist, die den Menschen zugute kommt. Es gibt kein neutrales Gedenken Gottes: »Der Herr gedenkt unser und segnet uns; er segnet das Haus Israel, er segnet das Haus Aaron« (Psalm 115,12).

Der Lobpreis der Maria im 1. Kapitel des Lukasevangeliums, das sogenannte Magnificat, nimmt die Gedächtnis-Theologie der Hebräischen Bibel auf und schreibt sie in das Neue Testament hinein fort. Das Gedächtnis Gottes erweist sich durch die anstehende Geburt des Menschen Jesus von Nazareth als universale Tat Gottes: »Er denkt an seine Barmherzigkeit und nimmt sich seines Dieners Israel an, wie er es unseren Vätern zugesagt hat, Abraham und seinen Nachkommen in Ewigkeit« (Lukas 1,54f).

Dieser universalen Gedächtnistat Gottes entspricht auf seiten der Menschen die erinnernde Bewahrung dieser Geschichte als je neues Erzählen dieser Geschichte. Eberhard Jüngel hat diesen Zusammenhang so beschrieben: »Das kritische Potential des Wortes vom Kreuz schafft sich, als eine die Wirklichkeit überbietende präzise Möglichkeit, eine in die Geschichte der Freiheit verstrickende Erinnerung. J.B. Metz hat dafür die treffende Kategorie der ›gefährlichen Erinnerung‹ geprägt ... Das Evangelium von der Menschlichkeit Gottes ist als Wort vom Kreuz erzählend in die Weltgeschichte eingeführt ... worden. Seitdem ist die gefährliche Geschichte Jesu Christi als *kritisches* Potential in den Thesaurus der historischen Vernunft eingegangen und insofern heute indirekt in der Weltgeschichte präsent. Aus dieser ihrer indirekten Präsenz kann sie nur hervortreten, indem sie erzählt wird.«[45]

Mit diesem Verständnis von Geschichte steht die biblisch-jüdische Tradition gewissermaßen quer zum antik-abendländischen Mainstream im Verständnis von Geschichte. Der Münchner Historiker Christian Meier hat in einer kleinen eindrücklichen Studie darauf hingewiesen, daß man im Kontext der Frage nach der Erfahrung gerade geschichtli-

45. *Eberhard Jüngel,* Gott als Geheimnis der Welt, 3. Aufl., Tübingen 1978, S. 425

cher Katastrophen in der Regel nicht auf das Postulat der Erinnerung, sondern – im Gegenteil – auf das Vertrauen in die Kraft des Vergessens stößt: »Immer wieder wird beschlossen, vereinbart, eingeschärft, daß Vergessen sein soll, Vergessen von vielerlei Unrecht, Grausamkeit, Bösem aller Art. So in einer langen Reihe von Friedensverträgen. Noch anläßlich des Türkischen Friedens von Lausanne 1923 wird ein Amnestieabkommen geschlossen, dessen Präambel den Wunsch ausdrückt, Vergessen (*oubli*) über die ›Ereignisse, die den Frieden im Orient gestört haben‹, zu breiten. Entsprechend urteilt Cicero in einer Rede, die er zwei Tage nach Caesars Ermordung, also am 17. März 44 vor Christus, im römischen Senat hält: *omnem memoriam discordiarium oblivione sempiterna delendam*: alle Erinnerungen an die mörderischen Zwieträchtigkeiten seien durch ewiges Vergessen zu tilgen ... Der Wunsch vergessen zu stiften, ist keineswegs auf Europa beschränkt. Auch das ›Begraben des Kriegsbeils‹ bei den Indianern (man darf es nicht einfach wegwerfen, sonst könnte es wiedergefunden werden!) gehört hierher. 1743 bieten die Irokesen dem Staat Virginia an, ›diese Angelegenheit im Grunde zu begraben, daß sie nicht wieder gesehen noch davon gehört werden kann, solange die Welt besteht‹.«[46]

Angesichts der langen Reihe historischer Zeugnisse der Bedeutung des Vergessens für einen humanen Verlauf der Geschichte, bekommt die lapidare Feststellung Christian Meiers besondere Bedeutung: »Gegenbeispiele [sc. für die herausragende Bedeutung des Vergessens] habe ich nur in der Geschichte der Juden gefunden, unter denen vom Deuteronomium bis in unseres Tage ständig und intensiv das Gebot der Erinnerung eingeschärft worden ist.«[47] Doch versäumt auch Meier nicht, – ähnlich wie Horkheimer – gleich erläuternd hinzuzufügen: »Freilich bleibt hier die Erinnerung an das Schlimme, das in Mißachtung der göttlichen Gebote selbstgetane und das erlittene (wenn Jahwes Zorn sie traf) eingefangen in seiner Verheißung ...«[48]

Walter Benjamin hat in der Krisenerfahrung der geschichtlichen Katastrophe des Bündnisses von Faschismus und Stalinismus diesen theologischen Gehalt biblischer Gedächtnistheologie für einen kritischen Materialismus in Anspruch genommen. Angesichts der Ohnmacht der

46. *Christian Meier,* Erinnern – Verdrängen – Vergessen, in: Merkur 50 (1996), S. 937-952. Zit. Stelle S. 937f.
47. A.a.O., S.938.
48. Ebd.

Opfer im Zugriff totalitärer Herrschaftssysteme wird der Begriff des Gedächtnisses zum Residuum des Widerstandes der Machtlosen gegen die Macht. Die gefährliche Erinnerung, die sich die Ohnmächtigen zu bewahren wissen, rettet die Geschichte und bewahrt sie für Veränderungen in der Zeit nach der Katastrophe. Im emphatischen Begriff der Geschichte konvergieren der historische Materialismus eines Walter Benjamin und der theologische Glutkern der jüdischen und christlichen Überlieferung.

III.

Um die theologische Qualität des Erinnerns geht es auch in dem antiken Architekturstreit, der die Staatswerdung des biblischen Israels entscheidend bestimmt und dessen Ausgang die weitere Geschichte des jüdischen Volkes nachhaltig beeinflußt hat. Hier wird der Zusammenhang von Architektur und Geschichte so kontrovers wie politisch-material greifbar.

Um das Jahr 1000 vor Christus gerät die politische Organisationsform im Gebiet des biblischen Israels in eine Krise, die nur durch eine tiefgreifende Umgestaltung zu bewältigen war. Der lockere Zusammenschluß in einem Stämmeverbund, der vor allem durch die gemeinsame Gottesverehrung verbunden war, war den Herausforderungen der Zeit nicht mehr gewachsen. Diese Herausforderung bestand in einer doppelten Konkurrenz: zum einen gegenüber der alteingesessenen kanaanäitischen Städtebevölkerung, die den in das Land drängenden Wüstenstämmen nicht gerade freundlich gegenüberstand; und zum anderen gegenüber den militärisch hochgerüsteten wie versierten Philisterstämmen, die vor allem den Küstenstreifen Palästinas bewohnten, aber immer wieder in kriegerischen Raubzügen sowohl die kanaanäitischen Städte wie die israelitischen Siedlungen und Weidegebiete bedrohten.

Angesichts dieser Herausforderung wurden die Stimmen lauter, die einen engeren politischen Zusammenschluß der jüdischen Stämme unter einen gemeinsamen König forderten. Ein erster Versuch unter Saul scheiterte. Nach seinem Tod in einer Schlacht mit den Philistern stellte sich noch einmal für eine kurze Zeit der alte lockere Stämmeverbund her. Erst David nahm dann die Herausforderung an, die politisch umstrittene Einigung auf Dauer zu stellen.

Wie kann das gelingen? Die Vereinigung sehr heterogener Gebiete und Stämme mit divergierenden Interessen? Eine Wiedervereinigung gerade derjenigen Gebiete, an denen Saul mit seinen Vereinigungsbemühungen wenige Jahre zuvor gescheitert war? Nun – David hatte aus dem Scheitern Sauls gelernt und erkannt, daß ein Königtum nur dann eine Chance auf Dauer hatte, wenn es über ein unumstrittenes gemeinsames Zentrum verfüge. Also gab David dem Land eine Hauptstadt. Er eroberte die alte Jebusiterstadt Jerusalem und machte sie zum politischen und religiösen Zentrum des Königtums.

Dies war vor allem auch eine architektonische Aufgabe. David eroberte die Stadt nicht nur, sondern er gestaltete sie völlig um. Vor allem der Bau eines Palastes als Ort der politischen Zentralgewalt nahm er in Angriff. Dem sollte der Bau des Tempels als Ort der religiösen Zentralgewalt folgen. Spätestens mit dem Plan des Tempelbaus brach jedoch der biblische Architekturstreit aus, der im postmodernen Streit um ›Geschichte‹ neue Aktualität bekommt.

Sehr schnell wurde deutlich, daß der Bau eines Tempels an den Fundamenten der religiösen Überlieferung rütteln mußte. Die biblischen Berichte geben noch Zeugnis von den daraus resultierenden schroffen Auseinandersetzungen. Wir wissen heute nicht mehr genau, wie im einzelnen diese Auseinandersetzungen verliefen, aber sogar diejenigen literarischen Quellen, die die Bemühungen Davids und die daran anknüpfenden Maßnahmen Salomos zu legitimieren versuchen, können diese Auseinandersetzungen nicht verschweigen.

David selbst mochte geahnt haben, welche Kontroverse er mit dem Plan zum Tempelbau auslösen mußte. Anders ist sein sichtliches Zögern nicht zu erklären. Er bringt zunächst einmal die in einem beweglichen Zelt befindliche Bundeslade, das alte Wanderheiligtum des vorstaatlichen israelitischen Stämmeverbundes, nach Jerusalem. Hier ist der Wille Davids zur Kontinuität zu spüren. Und die Kontroverse um den Tempelbau entzündete sich denn auch an der Frage, ob dieser Schritt die geschichtliche Erfahrung Israels zu bewahren vermag, oder ob der Bau des Tempels die geschichtliche Erfahrung Israels verformt oder gar auslöscht. Der architektonische Streit um den Tempelbau ist im Kern eine theologische Kontroverse um die rechte geschichtliche Erinnerung.

Die biblische Überlieferung hat die Argumente der Gegner des Tempels in Spuren bewahrt. Der Prophet Nathan erhält – so die Formulierung im 2. Samuelbuch Kapitel 7 – den Auftrag, folgende Worte Gottes an David auszurichten: »Solltest du mir ein Haus bauen, daß ich darin wohne? Habe ich doch in keinem Hause gewohnt seit dem Tag, da ich die Israeliten aus Ägypten führte, bis auf den heutigen Tag; sondern ich bin umhergezogen in einem Zelt als Wohnung. Habe ich die ganze Zeit, als ich mit den Israeliten umherzog, je geredet zu einem der Richter Israels, denen ich befohlen hätte, mein Volk Israel zu weiden, und gesagt: Warum baut ihr mir nicht ein Zedernhaus?«

Es ist deutlich, was die Gegner des Tempelbaus befürchten: Das architektonische Vorhaben des Tempelbaus läßt die Erinnerung an die Befreiungsgeschichte Israels mit seinem Gott verblassen. Die Gestalt der Lade als Zentralheiligtum ist keine ästhetische Beliebigkeit, sondern der verbindliche architektonische Ausdruck einer bestimmten historischen Erfahrung, die nur in dieser Gestalt zu tradieren ist.

Die politische Macht der Tempelgegner muß offensichtlich so stark gewesen sein, daß David sein Vorhaben des Tempelbaus nicht realisiert hat. Über die Gründe und genauen Umstände wissen wir nichts mehr. Allerdings war der Sieg der Tempelgegner nur vorläufig. Salomo hat dann als Nachfolger Davids nicht nur die Pläne seines Vorgängers wieder aufgegriffen, sondern erweitert und in einem atemberaubenden Ausmaß realisiert. Jerusalem bekam unter Salomo seinen Spreebogen und seinen Potsdamer Platz: »Beim Bau des Tempels zog Salomo tyrische Fachleute heran und für die Gestaltung dienten offenbar nordsyrische Tempelanlagen als Vorbild. Die Dimensionen dieses prachtvollen Tempels waren für die Isaeliten ebenso neu wie die Form und der Symbolismus der kultischen Gefäße, die eigens für den Gebrauch im Tempel angefertigt wurden. Gleich neben dem neuen Tempel und möglicherweise mit ihm verbunden stand der königliche Palast, dessen Bau dreizehn Jahre dauerte. Auf diese Weise verwandelte Salomo Jerusalem in eine Königs- und Tempelstadt, ganz im Sinne Davids, der seine neue Haupstadt zum Kultzentrum des Königreiches hatte machen wollen.«[49]

Das Jerusalem am Ende der Regierungszeit Salomos war also eine völlig andere Stadt als die Stadt Davids. Besonders provozierend für die Tempelgegner mußte es sein, daß das architektonische Vorbild für dem Jerusalemer Tempel nicht die kleinen bereits vorhandenen Lokaltempel im Land abgaben, sondern daß der Tempel und die übrigen Re-

49. *Haim Hillel Ben-Sasson (Hg.),* Geschichte des jüdischen Volkes. Erster Band. Von den Anfängen bis zum 7. Jahrhundert, München 1978, S. 131f.

präsentativbauten nach assyrischem Vorbild und mit tyrischem Know-How erstellt wurden. So durchschlagend der städtebauliche Erfolg Salomos auch war – nicht zuletzt die Jerusalemer Baumaßnahmen begründen den Mythos vom weisen König –, die gegnerischen Stimmen sind im Verlauf der Geschichte Israels nicht verstummt. Besonders in politischen Krisenzeiten melden sich die Kritiker immer wieder zu Wort. Dabei bilden sich vor allem zwei Argumente heraus, die so etwas wie die Eckpfeiler des über die Jahrhunderte andauernden Jerusalemer Arichtekturstreit darstellen.

Dem ersten Argument sind wir bereits begegnet. Ist ein Monumentaltempel der rechte architektonische Ausdruck der geschichtlichen Erfahrung Israels mit seinem Gott? Wird Gott damit nicht auf eine gefährliche Weise verkleinert und damit das Gedächtnis Israels auf eine nicht minder gefährliche Weise beschnitten? Im 1. Königsbuch 9,27 ist dieses Argument prototypisch formuliert: »Wohnt denn Gott wirklich auf der Erde? Siehe, selbst der Himmel und die Himmel der Himmel fassen dich nicht, wieviel weniger dies Haus.« Besonders in der späteren prophetischen Tradition Israels wird dieses Argument mannigfaltig variiert. So heißt es im Buch des Propheten Jesaia 66,1: »Der Himmel ist mein Thron und die Erde der Schemel für meine Füße. Was wäre das für ein Haus, das ihr mir bauen könntet? Was wäre das für ein Ort, an dem ich mich ausruhen könnte?«

Das zweite Argument ist für unsere heutige Sicht in seiner Brisanz wahrscheinlich leichter nachzuvollziehen als die Frage nach dem rechten Ort Gottes, die eine durch und durch theologisch grundierte Gesellschaft zur Voraussetzung hat. Das zweite Argument richtet sich gegen den engen architektonischen Verbund von Palast und Tempel. Dies machte bereits den Kern des davidischen Vorhabens aus: die enge Verbindung von politischer und religiöser Macht. Palast, Tempel und Begräbnisstätte der Herrscher stellten eine bauliche Einheit dar. Es kennzeichnet den ästhetischen Rang der gegnerischen Argumente, daß sie diese Verbindung von politischer Macht und Religion gerade auch in ihrer konkreten architektonischen Gestalt namhaft machen konnten. Zwar aus der historischen Rückschau, jedoch eindeutig in der theologischen Stoßrichtung ist diese Kritik im Buch des Propheten Ezechiel formuliert. Dort heißt es in Kapitel 43,7.8: »Das Haus Israel soll meinen heiligen Namen fortan nicht mehr verunreinigen, sie und ihre Könige, durch ihren Götzendienst und die Leichname ihrer Könige ... Da sie *ihre* Schwelle neben *meine* Schwelle und *ihren*

Pfosten neben *meinen* Pfosten legten, so daß nur eine Mauerwand zwischen *mir* und *ihnen* war, und sie meinen heiligen Namen verunreinigen.«

In literarisch gebrochener Form variiert sich im weiteren Verlauf der Geschichte der alte Jerusalemer Architekturstreit auf vielfältige Weise. Zwei charakteristische Beispiel dieser literarischen Brechung seien kurz vorgestellt.

In Theodor Fontanes Roman ›Stechlin‹ findet sich ein Gespräch zwischen Woldemar von Stechlin und seiner Patentante Adelheid von Stechlin, der Domina des Konventes Kloster Wutz. Es geht in diesem Disput um ein religöses Institut, das auch architektonische Form angenommen hat, nämlich den Beichtstuhl. Dazu führt die Patentante aus: Es habe »in Berlin – aber das sei nun freilich schon sehr, sehr lange her – einen Geistlichen gegeben, der habe den Beichtstuhl einen Satansstuhl genannt.« Und sie fährt dann fort: »Es gibt viele Wohnungen in meines Vaters Hause. Das aber muß ich aussprechen, der Unglaube wächst, und das Katholische wächst auch. Und das Katholische, das ist das Schlimme. Götzendienst ist schlimmer als Unglaube.« Der irenische Woldemar erhebt hier seinen Einspruch »Gehst du darin nicht zu weit, liebe Tante?« Aber die Patentante erwidert ihm: »Sieh, der Unglaube, der ein Nichts ist, kann den lieben Gott nicht beleidigen; aber Götzendienst beleidigt ihn. Du sollst keine andern Götter haben neben mir. Da steht es. Und nun gar der Papst in Rom, der ein Obergott sein will und unfehlbar.«

Wir haben hier die nicht gerade unbescheiden auftretende preußisch-protestantische Variante des alten Jerusalemer Architekturstreits vor uns, der sich nicht am Tempelbau entzündet, sondern am ›Beichtstuhl‹. Eben weil dieser Beichtstuhl nicht ›Nichts‹ ist – so das Argument der Adelheid von Stechlin –, sondern ein qualifiziertes ästhetisch-architektonisches Objekt und damit ein stets neu zu gestaltendes ästhetisch-architektonisches Projekt, kann sich an ihm der Götzendienst festmachen.

Ironischer gebrochen kehrt der Jerusalemer Architekturstreit wieder in einem der Kriminalromane des amerikanischen Schriftstellers Harry Kemelmann, die den kleinen gewitzten Rabbi Small als oft unfreiwilligen Hobbydetektiv zum Protagonisten haben.

Am Ende eines langen gastlichen Abends im Hause des Gemeinevorstehers Schwarz ereignet sich folgendes:

»›Und jetzt‹, verkündete Schwarz, ›will ich Ihnen etwas zeigen.‹ Die anderen Gäste waren nach und nach aufgebrochen, und um Mitternacht waren nur noch der Rabbi und seine Frau da. Ethel Schwarz servierte Tee und Konfekt. Man saß um den Eßzimmertisch und hielt Rückschau auf den Versöhnungstag – und die Predigt des Rabbi, den Gesang des Kantors, die mangelhafte Lautsprecheranlage. Zu Rabbi Smalls großer Verwunderung war Schwarz ungewöhnlich zuvorkommend und freundlich. Jetzt würde sich herausstellen, weshalb er sie zurückbehalten hatte, nachdem alle anderen gegangen waren.

›Kommen Sie ...‹ Schwarz stand auf und führte sie durch die Diele in sein Arbeitszimmer. Hier gab es keine Bücherregale; am Fenster stand ein großes, verstellbares Zeichenpult und an der Wand ein breiter Schrank mit Schubladen für die Zeichnungen. Auf einem Tisch mitten im Zimmer stand ein Modell. Das Modell einer Synagoge, sauber aus Pappe ausgeführt, umgeben von Gras aus grünem Filz und Gebüsch aus winzigen Zweigen. Kleine Gipsfiguren vermittelten eine Eindruck von den Größenverhältnissen.

›Wie hübsch!‹ rief Miriam aus.

›Siebzig Stunden Arbeit‹, erklärte Schwarz. ›Aber das beste haben Sie noch gar nicht gesehen.‹ Er führte die beiden um den Tisch herum. An die rückwärtige Wand der Synagoge war eine zweite, kleinere Synagoge angebaut. Der Bau besaß eine Kuppel, welche die Architektur des Heiligen Landes andeuten sollte. Eine Säulenhalle aus doppelten Zylindern – offensichtlich eine Versinnbildlichung der Thorarollen – bildete den Eingang.

›Was sagen Sie dazu?‹ fragte Schwarz und fuhr fort, ohne erst eine Antwort abzuwarten: ›Es ist gleichzeitig klassisch, einfach und elegant. Wie finden Sie die Idee, Thorarollen als Säulen zu verwenden? Gibt es etwas Naheliegenderes? Die Form des Zylinders verbindet ein Optimum an Tragfähigkeit mit dem geringsten Materialaufwand. Warum sollen wir Anleihen in der griechischen Architektur machen, wenn wir in der Thorarolle den doppelten Zylinder haben – gewissermaßen das höchste Symbol unserer Religion?‹

›Gewiß ... ein interessantes Projekt‹ murmelte der Rabbi ...

›Aber ... Brauchen wir es wirklich?‹

›Wie können Sie so etwas sagen, Rabbi? Es handelt sich doch nicht nur darum, ob man's wirklich *braucht*! Es ist eine Sache der geistigen Einstellung. Sehen Sie die großen Kathedralen in Europa an – da hat auch kein Mensch danach gefragt, ob man sie wirklich *gebraucht* hat

... Voriges Jahr waren wir dort. In Italien, zusammen mit den Wolffs. Und wissen Sie, was mich am meisten beeindruckt hat – mich als gläubigen Juden? Die Kirchen, die Kathedralen! Nicht nur vom architektonischen Standpunkt aus – nein. Es war noch etwas ganz anderes. In Florenz zum Beispiel, in Santa Croce ... Charlie Wolff sagte zu mir, und dabei versteht er von nichts was als von Damenoberbekleidung: ›Mort‹, sagt er, ›das war für mich ein religiöses Erlebnis‹ ... Und da dachte ich mir, warum kann ich nicht einen Tempel bauen, der unseren Leuten ein ähnliches Gefühl gibt? Warum sollte ich's nicht wenigstens versuchen?‹

›Manchmal‹, sagte der Rabbi bedächtig, ›verwechseln wir Ästhetik mit religiösem Erlebnis.‹«[50]

IV.

Welche Perspektiven ergeben sich aus den beiden von mir vorgetragenen historischen Reminiszensen für das in der Postmoderne kontroverse Thema des Zusammenhangs von ›Geschichte‹ und ›Erinnerung‹? Mir erscheinen dabei vor allem zwei Punkte von Bedeutung.

Zum einen besteht der theologische Beitrag zum dieser Kontroverse vor allem in der Erinnerung an den emphatischen Gehalt, der dem Begriff der Geschichte stets auch innewohnt. Geschichte meint immer mehr als nur die Rekonstruktion eines positivistischen ›Wie es denn gewesen ist‹. Der Möglichkeitsgehalt an und in Geschichte ist in der theologischen Perspektive von erheblichem Gewicht. Ebenso die Erinnerung an die Opfer der Geschichte. Die biblische Gedächtnis-Theologie ist – wie wir sahen – durch und durch parteiisch. Auch wenn in die biblische Überlieferung selbst immer wieder Herrschaftsinteressen eingegangen sind, sie überformt und geprägt haben, ließ sich doch die Erinnerung an einen Blick auf die Geschichte aus der Perspektive der Opfer aus dieser Tradition nie ganz eliminieren. Deshalb mag es theologisch unerheblich sein, ob Unter den Linden das Reiterdenkmal Friedrichs II steht oder nicht. Es ist aber theologisch erheblich, ob die deutsche Hauptstadt eine Gedenkstätte an die Opfer der Schoa hat oder nicht. Von solchen konkreten Kontroversen um die Bedeutung

50. *Harry Kemelmann,* Am Samstag aß der Rabbi nichts, Reinbek 1967, S.38ff.

von Geschichte wird die Postmoderne ständig begleitet sein. In diesen Kontroversen haben Theologie und Kirche ihre authentische Stimme zu erheben.

Zum anderen zeigt der biblisch überlieferte Streit um den Tempelbau in Jerusalem, daß am Verständnis von Geschichte stets auch wichtige architektonische Grundentscheidungen getroffen werden. Geschichte wird vor Ort wahrgenommen oder verfehlt. Erinnerung ist stets auch Wahrnehmung in gestalteten Räumen. Und ganz offensichtlich kommen bestimmte Raumgestaltungen der Wahrnehmung des emphatischen Gehalts von Geschichte entgegen und andere Raum-Gestaltungen behindern eine solche Wahrnehmung. Der Beitrag der Religion zur Wahrnehmungskultur einer Gesellschaft besteht in einer spezifischen Differenzwahrnehmung. Wir können Religion – und insbesondre den kritischen Gehalt der biblischen Überlieferung – verstehen als eine spezifische Differenz zur Welt und gerade darin als spezifische Wahrnehmung von Welt, nämlich als die Dialektik von Weltabstand und Weltbezogenheit, in denen »Wirklichkeit und Versprechen kritisch aufeinander bezogen werden«[51]. Ohne diesen spezifischen Erfahrungshintergrund, der in der biblischen Überlieferung bewahrt ist, wäre die Postmoderne entscheidend ärmer.

2.3 Tradition und Revolte

Die Postmoderne ist durch den sie begründenden Verdacht gegen die großen Erzählungen notorisch traditionskritisch, wenn nicht sogar traditionsresistent. Zugleich können wir beobachten, daß dieselbe Postmoderne eminent traditionsbedürftig ist, weil sie in einem hohen Maße Traditionen ›verbraucht‹. Die architektonischen Zitate im Bau von Repräsentationsräumen, die kunstgeschichtliche Anspielungen im Dekor eines Szene-Restaurants, das kulturgeschichtliche Wissen im feuilletonistischen Diskurs des Zeitschriftenmarktes – all dies setzt ein Reservoir an Wissen um Traditionen voraus, das jederzeit und aus den verschiedensten Anlässen ›abgerufen‹ werden kann.

Die Postmoderne hat in dieser Hinsicht eine paradoxe Struktur. Dies erklärt auch, warum die sie hin- und hergerissen ist zwischen kulturel-

51. *Henning Luther,* Religion und Alltag. Bausteine zu einer Praktischen Theologie des Subjekts, Stuttgart 1992, S. 223.

lem Ikonoklasmus und einer kulturellen Idolatrie. So kann man der christlichen Tradition in ihrer kirchlichen Form äußerst kritisch gegenüberstehen und zugleich die ästhetischen Äußerungen gerade dieser Tradition im Museum bewundern. Man nimmt schaudernd die Formen frühneuzeitlicher Inquisitionspraktiken wahr und deren politischen Nachhall in den stalinistischen Schauprozessen, und man genießt zu gleicher Zeit die nicht minder subtilen Enthüllungs- und Coming-Out-Rituale unser vielkanaligen Fernsehkultur. Die Postmoderne reibt sich an den Traditionen wund und kann doch nicht von ihnen lassen.

Dies bedeutet aber zugleich, daß die Krise der Traditionen, in die die Postmoderne notwendigerweise hineinführt, zugleich die Chance neuer Traditionsbildung ist. Deshalb ist Skepsis angebracht gegenüber einer gerade in der Kirche nicht selten anzutreffende kulturpessimistischen Larmoyanz. Es gilt demgegenüber, den *Funktionswandel der Traditionen* in der Postmoderne nüchtern wahrzunehmen und zugleich die Konsequenzen daraus zu ziehen.

Dieser Funktionswandel der Traditionen in der Postmoderne besteht in einem weitreichenden Umpolungsprozeß. In traditionalen Gesellschaften haben die Traditionen primär Sicherungsfunktionen. Sie sichern als Moral ein bestimmtes gewünschtes Verhalten; sie markieren als Interpretations- und Deutungsrahmen der Weltverhältnisse die Grenze von legitimem und illegitimem Weltverständnis; sie strukturieren als Religion die metaphysischen Loyalitäten, denen die Menschen verpflichtet sind usw. Dieser Sicherungsfunktion von Traditionen gilt das postmoderne Mißtrauen gegenüber den Traditionen. Tradition steht im Geruch der Herrschaftssicherung und der Verweigerung von Autonomie.

Bereits die Emphase der Aufklärung speist sich aus dem Einspruch gegen diese Funktion der Tradition: »Die Kritik der Aufklärung richtet sich in erster Linie gegen die religiöse Überlieferung des Christentums, also die Heilige Schrift. Indem diese als ein historisches Dokument verstanden wird, gefährdet die Bibelkritik ihren dogmatischen Anspruch. Darauf beruht die eigentümliche Radikalität der modernen Aufklärung gegenüber allen anderen Aufklärungsbewegungen, daß sie sich gegen die Heilige Schrift und ihre dogmatische Auslegung durchsetzen muß ... Nicht Überlieferung, sondern die Vernunft stellt die letzte Quelle aller Autorität dar. Was geschrieben steht, braucht nicht wahr zu sein. Wir können es besser wissen. Das ist die allgemeine Maxime, unter der die moderne Aufklärung der Überlieferung entgegentritt, und durch die sie schließlich zur historischen Forschung wird. Sie macht die Überlieferung ebenso zum Gegenstand der Kritik, wie die Naturwissenschaft die Zeugnisse des Sinnenscheins.«[52]

Deshalb kommen die neuzeitlichen Denker, von denen wesentlich innovatorische Impulse für das abendländische Denken ausgingen, in der Regel auch im Gewand der ›Meister des Verdachts‹ daher: Karl Marx, Friedrich Nietzsche, Siegmund Freud. Und noch Michel Foucaults Decouvrage der neuzeitlichen Diskursformationen steht in dieser Traditionslinie.[53] Die ›Ordnung des Diskurses‹ – so die berühmte Formulierung aus Foucaults Antrittsvorlesung am Collège de France im Jahre 1970 – begründet stets auch die ›Herrschaft des Diskurses‹.

So hat die Postmoderne in ihrem Verdacht gegen die großen Erzählungen durchaus ihre Vorgeschichte. Gleichwohl kennt die Postmoderne nicht mehr die Meisteremphase des Verdachts. Denn im postmodernen Laissez-Faire eines ›anything goes‹ ist die Sicherungsfunktion der Traditionen derart destruiert, daß Tradition und Überlieferung nicht mehr als der große Angstgegner gelten müssen. Daraus resultiert im übrigen die hohe lebensweltliche Plausibilität, die für viele Menschen von diesem ›anything goes‹ ausstrahlt. Und in dieser ihrer Plausibilitätsstruktur können wir die postmoderne Destruktion der Sicherungsfunktion von Traditionen nicht ernst genug nehmen.

In diesem ›anything goes‹ erschallt nun allerdings nicht nur, wahrscheinlich nicht einmal primär der Ruf in eine neue Unübersichtlichkeit und Unverbindlichkeit hinein, sondern in diesem ›anything goes‹ meldet sich auch ein neuer positiver Umgang mit den überkommenen Traditionsbeständen an. Der Ruf ›anything goes‹ ist ja seinerseits auf Traditionen angewiesen. Gerade dort, wo gesagt wird ›anything goes‹, bedarf es ja eines ›etwas‹, damit ›etwas geht‹. Wo nichts ist, geht gar nichts, am allerwenigsten geht dann dort ›anything‹. Der Ruf eines ›anything goes‹ wäre selbst blind und echolos, wenn er nicht auf ein Gegenüber träfe, ein Ensemble von Traditionen, mit dem das Spiel mit den Traditionen erst beginnen kann.

52. *Hans-Georg Gadamer,* Wahrheit und Methode. Grundzüge einer philosophischen Hermeneutik, 4. Aufl., Tübingen 1975, S. 256f.
53. Vgl. dazu *Michel Foucault,* Die Ordnung des Diskurses, Frankfurt/Berlin/Wien 1997.

In der Postmoderne verwandelt sich also die Funktion der Traditionen, wobei dieser Funktionswandel m.E. äußerst profiliert verläuft. Denn die *Sicherungsfunktion von Traditionen* wird abgelöst durch eine *Funktion der Innovation durch Traditionen.* Waren die Traditionen einst funktionell konservierend codiert, so unterliegen sie jetzt einem revolutionären Code. Aus der Begegnung mit der Tradition, die ja in der nachtraditionalen Gesellschaft immer mehr zu einer Erst-Begegnung wird, ertönt jetzt nicht mehr die Stimme des Vertrauten, sondern des Fremden, des Un-gehörten und Un-erhörten. Kurz gesagt: In der Postmoderne ist die Tradition revolutionär geworden. Sie wird zum Stein, über den man stolpert und deshalb aufschaut. Sie wird zur Mühe, die zum Einhalten zwingt. Sie lenkt den Blick aus dem Vertrauten in das Mögliche.

Im ästhetischen Kontext war dieses Wissen schon immer präsent. So hat der tschechische Schriftsteller Vitezslav Nezval bereits im Jahre 1937 formuliert: »In diesem Sinne verstehe ich den Begriff Tradition, die ich als die traumhaft geheimnisvolle Auferstehung all dessen ansehe, was uns zu ergreifen vermag, was die Kraft besitzt, sei es auch noch so in Vergessenheit geraten, sich unser in den Augenblicken zu bemächtigen, da wir am reinsten sind, das heißt, wenn unsere Sehnsucht uns bis zur fernen Erinnerung an unsere Ammen und uralten Bücher zurückführt, zur fernsten Erinnerung an das, was wir selber von jenen Zeiten her sind, da uns ein einfaches Liedchen und die Urzeit der alten Sagen noch eher erreichten als die schwer durchdringbaren Wirren des täglichen Lebens.«[54]

Was Vitezslav Nezval im Jahre 1937 eher als in individueller Erfahrung verankerte poetische Vision beschreibt, ist zur strukturellen Möglichkeit und zur strukturellen Notwendigkeit der Postmoderne geworden. Die Postmoderne läuft leer, wo es nicht zu jenem innovatorischen Spiel mit den Traditionsbeständen kommt, die in unsere Gesellschaft eingelagert sind.

Dieses Spiel der Traditionen allerdings beginnt nicht von selbst und es hält sich auch nicht, wenn es einmal begonnen hat, von selbst in Gang. Hier wird eine gewichtige Unterscheidung bedeutsam, nämlich die Unterscheidung von Konvention und Tradition. In der traditionalen Gesellschaft war diese Unterscheidung eher verdeckt. Die Sicherungsfunktion der Tradition brachte Tradition primär als Konvention zum Tragen. Im

54. *Vitezslav Nezval,* Der Prager Spaziergänger, Berlin 1984, S. 8.

postmodernen Spiel der Traditionen tritt der kategoriale Unterschied von Konvention und Tradition deutlich ans Tageslicht. Die Regisseurin Ruth Berghaus hat in einem Radio-Interview einmal sehr schön gesagt: ›Wer die Konvention beherrscht, steht noch lange nicht in einer Tradition.‹ Traditionen erhalten sich nicht durch Konventionen. Traditionen müssen immer aufs neue erarbeitet werden. So steht der, der Tradition mit Konvention verwechselt, immer in Gefahr, die Tradition zu verlieren. Die Konvention ist der eingeschworene Feind der Tradition. Traditionen sind nicht durch Konvention vital, sondern durch Innovation.

Exakt an dieser Stelle kommt das Christentum in der Postmoderne als gesellschaftlicher Faktor ins Spiel. Ihm käme die Aufgabe zu, den Menschen in der postmodernen kulturellen Vielfalt durch innovatorische Vergegenwärtigung den biblisch-christlichen Traditionsbestand zu erhalten und stets aufs Neue in seinem Erfahrungsgehalt und seiner Plausibilitätsstruktur ansichtig zu machen. Kirche und Theologie müssen das kulturelle ›Spielfeld‹ eines anything goes nicht fürchten, sondern können sich couragiert gerade auf dieses Spielfeld wagen. Viele Erfahrungen zeigen es: Wo christliche Traditionsgehalte nicht mit institutionell abgesichertem Autoritätsanspruch auftreten, werden Menschen aufs Neue aufmerksam. Was ist das für einer, der da in der Kirche, die man im Urlaub besichtigt, am Kreuz hängt? Warum zeichnet Johann Sebastian Bach die Juden in der Johannes-Passion so scharf? Und was sagen Theologen und Theologinnen heute dazu? Warum gibt es in Walt Disneys Film »Der König der Löwen« die himmlische Stimme, die das Löwenbaby Simba ›erwählt‹? All dies sind Fragen und Gelegenheiten, wo auf dem Spielfeld des anything goes plötzlich ein neues Interesse wach wird, und nicht mehr alles und jedes interessant ist, sondern die eine hier und jetzt gestellte Frage.

Theologie und Kirche werden aber nur dann mit offenen Ohren und Augen der Menschen rechnen können, wenn sie diese Fragen unbefangen hören und nicht gleich wertend qualifizieren. Allerdings werden Theologie und Kirche auf dem Spielfeld des anything goes nur dort in ihrer Unverwechselbarkeit erkennbar sein, wo sie auch die Widerständigkeit christlicher Traditions- und Erfahrungsgehalte ansichtig zu machen vermögen. Wer sich auf das Spielfeld des anything goes begibt, tut gut daran, nicht mit den Wölfen zu heulen. Hans Magnus Enzensberger hat kürzlich an die Notwendigkeit einer »Rehabilitation des Anachronismus: eines Zeitverhältnisses, das sich nicht an die Gegenwart klammert«, erinnert. In diesem Sinne sind Theologie und Kirche immer auch anachronistisch, weil sie für eine Tradition einstehen, die sich vielen gängigen Trends und Moden gegenüber sperrig verhält. In dieser Sperrigkeit liegt zugleich die Chance, neu gehört zu werden. Gehört zu werden von Menschen, die an irgendeiner Stelle ihres Lebensweges über diese uralte Tradition stolpern und dabei stutzig und neugierig werden. Auf dem Spielfeld des anything goes sind vielleicht gerade die Anachronismen die Vorboten des Neuen. Ein Anachronismus nicht aus Bequemlichkeit oder Arroganz, sondern ein Anachronismus, der mehr will als das, was en vogue ist.

3. Kirchliche Praxis in der Postmoderne

3.1 Die Wiederkehr des Heiligen – Die pluralistische Kultur des Feiertags und des Gottesdienstes

I.

Am 30. April 1944 schreibt Dietrich Bonhoeffer – weit entfernt von allen postmodernen Befindlichkeiten – aus dem Gefängnis in Tegel an den Freund Eberhard Bethge folgende Sätze: »Wir gehen einer völlig religionslosen Zeit entgegen; die Menschen können einfach, so wie sie nun einmal sind, nicht mehr religiös sein ... Unsere gesamte 1900jährige christliche Verkündigung und Theologie aber baut auf dem ›religiösen Apriori‹ der Menschen auf. ›Christentum‹ ist immer eine Form (vielleicht die wahre Form) der ›Religion‹ gewesen. Wenn nun aber eines Tages deutlich wird, daß dieses ›Apriori‹ gar nicht existiert, sondern daß es eine geschichtlich bedingte und vergängliche Ausdrucksform des Menschen gewesen ist, wenn also die Menschen wirklich radikal religionslos werden – und ich glaube, daß das mehr oder weniger bereits der Fall ist – was bedeutet das dann für das ›Christentum‹?«[1]

Bonhoeffer hat der Theologie damit ein Stichwort gegeben, das sie in der Zeit nach dem 2. Weltkrieg nachhaltig fasziniert und sich für die theologische Theoriebildung außerordentlich produktiv ausgewirkt hat. Auch die, die sich nicht ausdrücklich auf Bonhoeffer beriefen, waren von dieser gedanklichen Fluchtlinie entscheidend bestimmt: Religion, das ist das, was sich in der Moderne auf dem Rückzug befindet. Die Antworten darauf konnten vielfältig sein. Entweder versuchte man, quasi auf der Höhe der Zeit, das ebenfalls von Bonhoeffer ausgegebene Stichwort der ›nicht-religiösen Interpretation‹ der biblischen Botschaft zu präzisieren, oder man suchte trotzig und erratisch Nischen der Religion in der säkularisierten Gesellschaft zu wahren.

1. *Dietrich Bonhoeffer,* Widerstand und Ergebung. Briefe und Aufzeichnungen aus der Haft, 14. Aufl., München 1990, S. 139.

Besonders anregend erwies sich die von Bonhoeffer ausgehende gedankliche Fluchtlinie für diejenigen Denkansätze, die die Theologie im engen Verbund mit einer gesellschaftlich-soziologischen Perspektive zu entfalten suchten. Eindrückliches Dokument einer solchen Theologie ist bis auf den heutigen Tag das Buch des amerikanischen Theologen Harvey Cox ›The Secular City‹, das unter dem deutschen Titel »Stadt ohne Gott?« erschien. Cox zeichnet ein eindrückliches Bild der säkularisierten Urbanität der Moderne, ein Bild, das gerade meine eigene theologische Generation an der Wende von den 60er-Jahren zu den 70er-Jahren unseres Jahrhunderts nachdrücklich geprägt hat: »Die Ära der säkularisierten Stadt ist keineswegs charakterisiert durch Antiklerikalismus oder durch fieberhaften antireligiösen Fanatismus ... Die Kräfte der Säkularisierung sind gar nicht speziell daran interessiert, die Religion zu verfolgen. Die Säkularisierung umgeht und unterwandert einfach die Religion und wendet sich anderen Dingen zu ... Das Zeitalter der säkularisierten Stadt, eine Epoche, deren innere Einstellung sich rapid bis in die letzte Ecke der Welt ausbreitet, ist ein Zeitalter der völligen ›Religionslosigkeit‹. Es lassen sich Fragen der Moral oder des Lebenssinns nicht länger durch religiöse Regeln oder Ritualien beantworten ... Die Säkularisierung ist im Gang, und wenn wir überhaupt unsere Zeit verstehen und auf sie eingehen wollen, müssen wir lernen, sie in ihrer unaufhaltsamen Säkularisierung zu lieben.«[2]

Eindrücklicher noch als Bonhoeffer stellt uns Harvey Cox ein drastisches Bild vor Augen: Die säkulare Stadt als der klassische Ort der industriellen Moderne, aus der die Götter vertrieben sind, das ›Heilige‹ ausgewandert ist. Straßenschluchten voller geschäftiger Menschen, Paläste des Konsums, Plätze der politischen Auseinandersetzung – das alles im Zentrum. Die Kirchen stehen ebenfalls noch dort und sind äußerlich intakt, aber im Grunde bedeuten sie nicht viel mehr als die Ruinen der gestorbenen Götter.

Und nun erleben wir heute unter den Bedingungen der Postmoderne, daß das ›Heilige‹ in unsere Gesellschaft zurückkehrt. Woher zurückkehrt? Hat es sich nur versteckt und war es im Grunde nie ausgewandert? Ein Kellerkind, das wieder ans Licht des hellen Tages strebt? Auf jeden Fall – das Heilige ist machtvoll wieder da. Die Postmoderne bedeutet auch eine Rehabilitierung der Erfahrung des Heiligen.

2. *Harvey Cox,* Stadt ohne Gott?, Stuttgart/Berlin 1966, S. 11ff.

Ich möchte diese postmoderne Wiederkehr des ›Heiligen‹ an einem Beispiel aus unserer Gegenwartsliteratur illustrieren. Kunst und Literatur haben ja den Vorzug, daß sie sensibel ihrer jeweiligen Gegenwart auf der Spur sind. Deshalb bekommen Kunst und Literatur Entwicklungen viel früher in den Blick als die wissenschaftliche Reflexion. Wissenschaftliche Reflexion ist immer nachgängig. Sie kann gemachte Erfahrungen aus dem Rückblick auf den Begriff bringen. Literatur und Kunst siedeln sich demgegenüber an den Quellen der Erfahrungen an. Sie sind unmittelbar dort präsent, wo Erfahrungen entstehen. Darin besteht das uneinholbare Voraus, das die Literatur gegenüber der Wissenschaft hat. Gerade die Praktische Theologie wird deshalb gut daran tun, Entwicklungen im literarisch-ästhetischen Bereich aufmerksam zur Kenntnis zu nehmen.

Man wird die Erfahrungswelt im Übergang von den 80er- zu den 90er-Jahren unseres Jahrhunderts sehr präzis in den Blick bekommen, wenn man die Bücher des amerikanischen Schriftstellers Paul Auster liest. Seine Bücher zeichnen sich dadurch aus, daß sie sehr gut zu lesen sind. Sie sind hinsichtlich ihrer Form alles andere als Avantgarde-Literatur. Paul Auster ist vor allem eines – ein talentierter Erzähler. Seine Bücher sind griffig, wohl schon süffig. Und man macht als Paul-Auster-Leser durchaus die Erfahrung von Trunkenheit, wenn man sich in seine Bücher verliert. Zugleich haben diese Bücher immer einen direkten Wirklichkeitsbezug. Sie sind alles andere als Klischee und Kitsch, sondern erzählen auf eine ungemein differenzierte Art und Weise. Irgendwo am fließenden Übergang zwischen klassisch-moderner und post-moderner Ästhetik siedeln sich die Bücher Austers an.

Paul Auster ist im Jahre 1947 in Newark im Staate New Yersey geboren, studierte an der Columbia University in Manhattan und verbrachte einige Jahre in Paris. Heute lebt er wieder in New York. Auster teilt die Erfahrungen der ersten Generation, die nach dem zweiten Weltkrieg geboren wurde: Der wirtschaftliche Aufschwung nach dem Krieg; die Polaritäten des kalten Krieges; der Zweifel an der Wirksamkeit der westlichen Zivilisationswerte im Zusammenhang mit dem Vietnam-Krieg; die neuen Fragen, die plötzlich auftauchen: ökologische Bedrohung, die neuen Medien und damit der allseitig lesbar und manipulierbar gewordene Mensch. Und quer zu alledem die neue Lust am Leben: die Erfahrung einer heiteren multikulturellen Urbanität mit all ihren überraschenden Beweglichkeiten und Unwägbarkeiten.

Paul Austers literarisches Oeuvre umfaßt gegenwärtig gerade den Zeitraum von etwas mehr als zehn Jahren. Gleichwohl lassen sich m.E.

bereits drei Epochen verschiedener inhaltlicher Gewichtungen erkennen. In den Jahren 1985/86 erschien die New-York-Trilogie mit den drei Teilen ›Stadt aus Glas‹, ›Schlagschatten‹ und ›Hinter verschlossenen Türen‹. Diese drei Romane verrätseln die urbane Erfahrung der multikulturellen Welt-Metropole New York. Das ganz reale Labyrinth der Großstadt wird transparent hin zur Geheimnisstruktur des Lebens schlechthin. Der Mensch ist ansichtig, aber nicht greifbar. Seine Erfahrungen sind konkret und entschwinden in dem Augenblick, in dem man auf sie bauen möchte. In einer rätselhaften Offenheit enden alle drei Romane der New-York-Trilogie, meilenweit schon entfernt vom tatkräftigen Optimismus und zupackenden Veränderungswillen der 68er-Generation.

Diese rätselhafte Offenheit der ersten Romane setzt sich so im Werk Austers zunächst nicht fort. Ein düsterer Zug, in der New-York-Trilogie vielleicht schon angelegt, kennzeichnet die nächsten beiden Romane Austers. Im Jahre 1987 erscheint ›Im Land der letzten Dinge‹ und im Jahre 1989 ›Moon Palace‹ mit dem deutschen Titel ›Mond über Manhattan‹. An die Stelle der Rätselhaftigkeit der Welt tritt nun der Blick auf eine Welt, die aus den Fugen gerät. Dramatischer, auch düsterer wird jetzt die Erzählung. Niemands-Land gerät in den Blick, nicht als Utopie des Besseren, sondern buchstäblich als Nicht-Ort, als das Zerbrechen aller sozialen Bezüge und das Hervorbrechen nackter Gewalt. Die Wirklichkeit gerät jetzt zum Alptraum. Der Roman des Jahres 1987 beginnt mit den Worten: »Dies sind die letzten Dinge, schrieb sie. Eins nach dem andern verschwinden sie und kommen nie zurück. Ich kann dir erzählen von denen, die ich gesehen habe, von denen, die es nicht mehr gibt, doch wird kaum Zeit dafür sein. Es geschieht jetzt alles zu schnell, und ich kann nicht mithalten.«[3] Und am Ende des Romans treffen wir auf folgende Sätze: »Es ist jetzt tief in der Nacht, durch die Risse im Haus weht der Wind. Alle anderen schlafen. Und ich sitze hier unten in der Küche und versuche mir auszumalen, was mir bevorsteht. Ich kann es mir nicht vorstellen. Ich kann mir nicht einmal ansatzweise vorstellen, was dort draußen mit mir geschehen wird. Alles ist möglich, und das ist praktisch dasselbe wie nichts, so als würde man in eine Welt geboren, die vorher noch nicht existiert hat. Vielleicht finden wir William, wenn wir die Stadt verlassen, aber ich will nicht zuviel erhoffen.

3. *Paul Auster,* Im Land der letzten Dinge, Reinbek 1992, S. 9.

Das einzige, was ich fürs erste verlange, ist die Chance, noch einen Tag zu leben. Dies schreibt Anna Blume, deine alte Freundin aus einer anderen Welt. Sollten wir einmal irgendwo ankommen, werde ich dir schreiben, wenn's geht, das verspreche ich.«[4]

Aus dem Rätsel, dem verlockenden Geheimnis der Welt ist die Apokalypse geworden. Genau an dieser Stelle vollzieht sich im literarischen Werk Austers eine neue Wende. In seinen neusten Romanen thematisiert Auster den Weg des Menschen *nach* der Apokalypse. Nicht optimistisch, nicht verklärend. Es geht ganz sinnlich konkret und gerade nicht metaphysisch-spekulativ um den ersten tastenden Schritt des Menschen nach der Apokalypse. Die Schlußsätze von »Moon Palace« lauten: »Mein fünftes Paar Schuhe kaufte ich mir am 3. Januar 1972 in einem Ort namens Lake Elsinore. Drei Tage später stieg ich, fix und fertig vor Erschöpfung, mit 413 Dollar in der Tasche über die Hügel nach Laguna Beach hinunter. Vom Gipfel des Vorgebirges aus konnte ich bereits den Ozean sehen, aber ich ging weiter, bis ich ganz unten am Wasser war. Es war vier Uhr nachmittags, als ich meine Schuhe auszog und den Sand an meinen Fußsohlen spürte. Ich hatte das Ende der Welt erreicht, dahinter waren nur noch Luft und Wellen, eine Leere, die sich bis an die Küsten von China erstreckte. Hier fange ich an, sagte ich zu mir, hier soll mein Leben anfangen.

Ich stand lange am Strand, wartete, bis die letzten Strahlen der Sonne verschwunden waren. Hinter mir ging die Stadt ihren Geschäften nach und machte die vertrauten amerikanischen Geräusche des ausgehenden Jahrhunderts. Ich blickte dem Bogen der Küste entlang und sah eins nach dem anderen die Lichter in den Häusern angehen. Dann stieg der Mond hinter den Hügeln empor. Es war Vollmond, gelb und rund wie ein glühender Stein. Ich folgte ihm mit den Augen auf seinem Weg in den nächtlichen Himmel und wandte mich erst ab, als er seinen Platz in der Dunkelheit gefunden hatte.«[5]

Lebens-Kunst angesichts des Entronnenseins aus der Apokalypse und angesichts der erinnerten Rätselhaftigkeit des Lebens, dies wird nun zum großen Thema des Romans von Auster aus dem Jahre 1994 mit dem Titel »Leviathan«. Auch hier kein billiger Optimismus, kein politisches Programm, aber zumindest eine Perspektive. Mehr als die »Musik des Zufalls« (so der Titel des Romans aus dem Jahre 1990), aber nicht –

4. A.a.O., S. 199.
5. *Paul Auster,* Mond über Manhattan, Reinbek 1992, S. 382.

nein, das auf keinen Fall! – die Gewißheit, sondern die Aufgabe: Das Leben in den Blick nehmen unter Gefahr des Absturzes. Das Leben wie im Buch, das Leben als zu schreibendes Buch; Conditio postmoderna also par excellence. Im »Leviathan« wird dieses Buch des Lebens mit folgenden Worten beschrieben: »Es gibt Dutzende solcher Episoden in dem Buch. Sie alle sind authentisch, sie alle beruhen auf wahren Begebenheiten, und dennoch fügt Sachs sie auf eine Weise zusammen, daß sie zunehmend phantastischer wirken, als sei das Ganze die Schilderung eines Alptraums oder einer Halluzination. Das Buch wird, je weiter es fortschreitet, immer unstabiler – es häufen sich unvorhersehbare Assoziationen und Arabesken, immer öfter kommt es zu abrupten Wechseln der Tonlage –, bis man irgendwann das Gefühl hat, das Ganze beginne zu schweben ...«[6]

Inwiefern ist nun das literarische Werk Paul Austers als Beleg für die postmoderne Wiederkehr des Heiligen namhaft zu machen? Wir treffen in den Romanen Austers auf eine Auseinandersetzung mit ›Welt‹, die sich genau in der von Rudolf Otto in seinen Studien über »Das Heilige« analysierten Doppelung von *Tremendum* und *Fascinosum* vollzieht.[7] Die Welt zieht mich in ihrer unauflöslichen Geheimnisstruktur an. Sie lehrt mich zugleich in ihren Abgründen das Fürchten. Und sie versetzt mich in einen existentiellen Schwebezustand, der mir eine Entscheidung abverlangt. Dieser existentielle Schwebezustand ist aber gerade nicht durch politisches Handeln zu überwinden. Je mehr ich mich der Tiefenstruktur der Welt nähere, desto rätselhafter wird sie mir. Diese Erfahrung ist aber nichts anderes als die Erfahrung von Religion. Als solche begegnet sie in dem Seismographen, den das literarische Oeuvre von Paul Auster darstellt. Die Wiederkehr des Heiligen – hier ist sie beschrieben. Bestimmt und unbestimmt zugleich.

Allerdings verwandelt die postmoderne Wiederkehr des Heiligen die öffentliche Darstellung von Religion und die damit verbundenen Erfahrungen. Dieser Wandel der öffentlichen Darstellung von Religion läßt sich im Kontext der Bundesrepublik Deutschland besonders deutlich am Strukturwandel der kirchlichen Feiertage namhaft machen. An diesem Strukturwandel der kirchlichen Feiertage wird die Bedeutung der Conditio postmoderna für die kirchliche Praxis besonders anschaulich.

6. *Ders.,* Leviathan, Reinbek 1994, S. 57f.
7. Vgl. dazu *Rudolf Otto,* Das Heilige. Über das Irrationale in der Idee des Göttlichen und sein Verhältnis zum Rationalen, 28. Aufl., München 1947.

II.

Wie verändert sich unter den Bedingungen der Postmoderne und der sie konstituierenden Pluralisierungsprozesse die Feiertagskultur in unserer Gesellschaft? Ich möchte mich der Beantwortung dieser Frage mit zwei persönlichen Erinnerungen nähern, an denen diese Veränderungen deutlich werden können. Diese notwendige Einbeziehung von biographischer Erinnerung weist bereits auf einen wichtigen sachlichen Gehalt der Problematik hin. Eine Kultur des Feiertages steht und fällt damit, ob und inwieweit sie es Menschen ermöglicht, Feiertage zu *erleben*. Denn das, was wir mit guten Gründen eine Kultur des Feiertages nennen können, besteht darin, welche Erfahrungen, Gefühle und Bilder sich mit einzelnen Feiertagen verbinden.

Die erste Erinnerung ist mit dem Jahreswechsel verbunden. Der Süddeutsche Rundfunk unterbrach in den 50er-Jahren bis in die 60er-Jahre hinein in seinem ersten Programm am Silvesterabend ungefähr 2 Minuten vor dem Beginn des neuen Jahres sein Musikprogramm und legte eine Sendepause ein. Mit den ersten Sekunden des neuen Jahres wurde das Geläut der Glocken der Stuttgarter Stiftskirche übertragen dem sich dann der gesungene Choral ›Nun danket alle Gott mit Herzen Mund und Händen‹ anschloß. Unmittelbar danach setzte der Süddeutsche Rundfunk sein gewohntes Musikprogramm fort. Der Jahreswechsel ist für mich im Grunde immer noch mit dieser Mischung von Unterhaltungsmusik, Glockengeläut und Choral verbunden. Der Süddeutsche Rundfunk war hier offensichtlich maßgeblich daran beteiligt, so etwas wie eine Kultur des Feiertages mitzubegründen und mitzutragen.

Es ist kein Zufall, daß hier das wichtigste Massenmedium der 50er-Jahre zu nennen ist. Meine zweite Erinnerung ist mit dem Wechsel in der Dominanz der Massenmedien verbunden. Wir haben jetzt den Schritt vom Radio hin zum Fernsehen zu vollziehen. Die Karwochen der 60er- und 70er-Jahre sind mir weniger deshalb in Erinnerung, weil es in unserer parochialen Kirchengemeinde Passionsandachten gegeben hätte, sondern weil das Abendprogramm der damals zugänglichen drei Fernsehkanäle – also ARD, ZDF und 3. Regionalprogramm – in dieser Woche ein klares Profil hatte: Ernste Unterhaltung stand an. Ich erinnere mich etwa an eine Dramatisierung von Platos Bericht über den Tod des Sokrates mit dem Burgschauspieler Heinz Moog in der Hauptrolle. Ich denke an Schillers Trilogie ›Wallenstein‹, an Jean Anouilhs ›Orpheus und Eurydikt‹, usw. Sicher kann man sich angesichts dieser

Erinnerungen auch seine kritischen Gedanken machen. Das Ganze hatte natürlich den Haut-Gout eines Bildungsbürgertums und folgte eher dem Motto »Mit Goethe durchs Jahr«, als daß die Passionszeit als Erinnerung an den Tod Jesu begangen worden wäre. Aber – und dieser Tatbestand darf nicht unterschätzt werden – es war durch die Programmgestaltung des wichtigsten Massenmediums eine ganze Woche als eine *besondere Woche* markiert.

Dies hat sich inzwischen grundlegend geändert. Wenn wir auf die Primetime unserer vielkanaligen TV-Kultur am Karfreitag beispielsweise des Jahres 1996 blicken, wird dies sofort deutlich. Was bekamen wir im TV-Programm am Karfreitag dieses Jahres 1996 zwischen 20 und 22 Uhr zu sehen? Ich zähle nun einfach auf: ARD ›Kramer gegen Kramer‹, ZDF ›Derrick‹, SAT 1 ›Der mit dem Wolf tanzt‹, RTL ›Auf der Flucht‹, Pro 7 ›Indiana Jones und der letzte Kreuzzug‹, Kabel 1 Der John-Ford-Western ›Zwei ritten zusammen‹, ORF ›Sister Act‹. Interessant auch der Blick auf die Dritten Programme der öffentlich-rechtlichen Sendeanstalten. Am deutlichsten bleibt – sicher nicht von ungefähr – Bayern 3 in der alten Tradition verankert mit dem Ludwig Thoma-Drama ›Magdalena‹. Der Süddeutsche Rundfunk sendet ein Musical, immerhin noch ›Anatevka‹, West 3 einen Helmut Käutner Film, und Nord 3 die Krimikomödie ›Charade‹ mit Cary Grant und Audrey Hepburn in den Hauptrollen.

Drei Beobachtungen sind an dieser Programmgestaltung bemerkenswert:

Zum einen ist unverkennbar, daß der Karfreitag für die Programmgestalter kein Tag wie jeder andere ist. Es ist deutlich, daß die Sender bemüht waren, filmische Spitzenprodukte ins Programm zu bringen. Wenn man so möchte, liegt durchaus ein Feiertagsprogramm vor. Wie aber werden die Feiertagsbedürfnisse des Karfreitags von den Programmgestaltern wahrgenommen? Es ist offensichtlich, daß es das Bedürfnis nach gehobener Unterhalt ist, das hier befriedigt werden soll. Feiertag erscheint hier als Freizeit, die mit einem entsprechenden Angebot befriedigt wird. Aber Freizeit erscheint hier eben auch als eine ›leere‹ Freizeit, die nicht von vornherein nach einem bestimmten Inhalt drängt.

Damit hängt die zweite Beobachtung zusammen, die an dieser Programmgestaltung zu machen ist, nämlich die völlige inhaltliche Abwesenheit der Karfreitagsthematik. Der Karfreitag als christlicher Feiertag kommt in der Primetime der wichtigen Fernsehkanäle nicht vor. Am Bemerkenswertesten ist hier schon die Programmgestaltung des ZDF.

Leistete sich der Süddeutsche Rundfunk in den 60er-Jahren zur Todesstunde Jesu noch eine Funkstille, so weicht das ZDF im Jahre 1996 am Karfreitag nicht einmal vom gewohnten Programmschema ab, insofern im üblichen Wechselturnus mit den anderen Krimi-Serien ›Derrick‹ gesendet wird.

Es ist sicher erlaubt, an dieser Stelle eine weitergehende Schlußfolgerung zu ziehen. Die spezifischen Inhalte religiöser Feiertage und Feste sind in einer multikulturellen Gesellschaft eher randständig, sie werden nicht mehr zentral wahrgenommen. Ich denke, daß wir an Weihnachten Ähnliches beobachten können. Von Pfingsten oder Himmelfahrt möchte ich in diesem Zusammenhang gar nicht sprechen.

In einer gewissen Spannung zu den bisherigen Feststellungen steht nun eine dritte Beobachtung. Denn an zwei Stellen ist auf eine sehr vermittelte Weise der Karfreitag in der Primetime der Fernsehkanäle doch präsent. Zum einen auf ORF 1 im Film ›Sister Act‹, der Geschichte von jener Halbweltdame auf der Flucht vor Maffiakillern, die dann ein ganzes Nonnenkloster umkrempelt. Hier meldet sich von ferne die Erinnerung an die Institution Kirche an, wie – vorsichtig ausgedrückt – abgeschmackt es auch sein mag, nun ausgerechnet ›Sister Act‹ am Abend des Karfreitags zu senden.

Sehr viel bedenkenswerter ist die Programmentscheidung der ARD. Der Film ›Kramer gegen Kramer‹ mit Dustin Hoffman und Meryl Streep in den Hauptrollen zeichnet auf eindrückliche, sensible und differenzierte Weise einen Ehekonflikt nach. Das Thema ›Leiden‹ und ›Opfer‹ ist in diesem Film durchaus präsent, also eine zentrale Thematik des Karfreitags. Die Thematik taucht jedoch nicht als explizit religiöse auf oder gar als direkt auf das Geschehen auf Golgatha bezogen. ›Leiden‹ und ›Opfer‹ erscheinen hier in ihrer lebensgeschichtlichen Dimension, bezogen auf die Geschichte zweier individueller Menschen.

Hier wird das greifbar, was wir als die Conditio postmoderna mit der Individualisierung der Lebenswelten und der Nötigung zur Erfindung des eigenen Lebens in den Blick zu bekommen versuchten. Wenn die Menschen im Mittelalter und der beginnenden Neuzeit an ›Leiden‹ und ›Opfer‹ dachten, standen ihnen stets auch die eindrücklichen Bildwerke mit der Darstellung des Gekreuzigten vor Augen. Es sei hier nur an die Kreuzigungsszene und an die Grablegungsszene des Isenheimer Altares erinnert. Vor diesem ikonographischen Hintergrund haben die Menschen ihr eigenes Leiden erfahren und interpretiert. Diese Bildwelt ist heute verschwunden. ›Opfer‹ und ›Leiden‹ werden heute als ausschließlich auf individuelle Biographie bezogen erfahren. Der Ersatz des Bildes vom Gekreuzigten durch den ›Karfreitagsfilm‹ ›Kramer gegen Kramer‹ spiegelt diesen Wandel exemplarisch.

Damit verändert sich auch die Aufgabe der Kirche nachhaltig. Ich habe an anderer Stelle den Begriff der ›transversalen Seelsorge‹ geprägt.[8] Dieser Begriff meint, daß die seelsorgerliche Aufgabe heute darin besteht, die Menschen in den vielfältigen Übergängen ihrer Lebenswelten zu begleiten. Wahrscheinlich werden wir die kirchliche Praxis insgesamt als solche transversale Praxis, als Praxis in den lebensgeschichtlichen Übergängen, verstehen müssen. Die Aufgabe besteht nicht zuletzt darin, Übergänge von den individuellen Lebenswelten der Menschen zu den Erfahrungsgehalten der biblisch-christlichen Tradition zu ermöglichen.

Unter den Bedingungen der Postmoderne vollzieht sich diese Aufgabe in der Spannung von Enttraditionalisierung (der Verlust des Bildes des Gekreuzigten ist hierfür nur *ein* Indiz) und bleibender Bedürftigkeit nach lebensgeschichtlicher Vergewisserung unter dem Zwang zur Erfindung des eigenen Lebens, wobei diese Bedürftigkeit eher noch im Wachsen begriffen ist. Eine Gesellschaft, die den einzelnen Menschen immer mehr an Selbst- und Fremddefinitionsleistungen aufbürdet, macht die Frage nach gelingender lebensgeschichtlicher Vergewisserung zu einer Frage auf Leben und Tod. Dies macht die Brisanz dieser Individualisierungsprozesse aus.

Die ganze Entwicklung läßt natürlich auch die Feiertagskultur einer Gesellschaft nicht unberührt. Auch dieser Wandel sei wiederum an zwei Beispielen vor Auge geführt, die auf biographischen Erlebnissen beruhen.

Als Kind habe ich meine Ferien Jahr für Jahr bei Verwandten in Hülben, einem kleinen Ort auf der Schwäbischen Alb, verbracht. Hülben ist zugleich einer der – wenn man so will – Quellorte des Schwäbischen Pietismus. Diese Tradition war in den 50er- und beginnenden 60er-Jahren noch recht vital. Man saß am Sonntagmorgen an dem mit einem weißen Tischtuch eingedeckten Frühstückstisch bei Bohnenkaffee (der natürlich nur am Sonntag zubereitet wurde), Hefekranz, Butter und selbstgemachter Marmelade.[9] Wenn die Kirchenglocken zu läuten begannen,

8. Vgl. dazu *Albrecht Grözinger,* Seelsorge im multikulturellen Krankenhaus, in: Wege zum Menschen 47 (1995), S. 389-400, bes. S. 398-400.
9. Man kann die Geschichte des Schwäbischen Pietismus durchaus auch als kulinarisches Ereignis erzählen!

hat sich die ganze Familie in Richtung Kirche aufgemacht. Dieser – im präzisen Sinn des Wortes – Kirchgang hat sich mir tief eingeprägt. Der Klang der Glocken, die sommerliche Sonne, das Auftun der Haustüren, aus denen die Männer im schwarzen Anzug, Frauen und Kinder etwas bunter, traten. Das Begrüßen auf der Straße und der allmählich anschwellende Strom der Menschen je näher man der Kirche kam. Hier war eine Feiertagskultur sinnlich erlebbar, die die ganze dörfliche Gemeinschaft bis auf wenige Ausnahmen umfaßte. Ein nicht sehr frommer Onkel von mir konnte sich dem Kirchgang nur dadurch entziehen, daß er die Aufgabe übernahm, das Mittagessen vorzubereiten.

Wenn man heute am Sonntagmorgen durch Hülben geht, ist von dieser Feiertagskultur so gut wie nichts mehr zu spüren. Kann eine Gesellschaft unter den Bedingungen der Postmoderne so etwas wie eine Kultur des Feiertages nicht mehr ausbilden? Ist eine Kultur des Feiertages an eine traditionale Gesellschaft gebunden und muß Feiertagskultur folglich mit eben dieser traditionalen Gesellschaft auch an ihr Ende kommen? Ich denke nicht, daß die Bilanz derart negativ ausfallen muß. Und hier möchte ich von einem zweiten Erlebnis erzählen, das uns gleichsam in das Herz einer urban-postmodernen Gesellschaft versetzt.

Meine Frau und ich waren vor einigen Jahren zur Zeit von Rosch Haschana, dem jüdischen Neujahrsfest, in New York. Rosch Haschana ist in den USA kein staatlich geschützter Feiertag. An diesem Tag, es war ein strahlender Frühherbsttag, sahen wir in einer belebten Straße der Upper East Side eine jüdische Familie – Vater, Mutter und zwei Kinder – wohl auf dem Weg zur Synagoge. Diese vier Menschen, der Vater in gemildert orthodoxem Habitus, Frau und Kinder bunter gekleidet, gingen in einer sichtlich Aufmerksamkeit erheischenden Art und Weise durch die geschäftige Straßen mit dem lauten Verkehr und den offenen Geschäften mit ihren Auslagen vor den Läden. Es ist nicht leicht zu beschreiben, was da vor sich ging. Es war auf jeden Fall so, daß die umstehenden Menschen ihr Tun und Treiben unterbrachen, um auf diese vier Menschen zu blicken. Von diesen Menschen strahlte etwas aus, was den Alltag unterbrechen ließ. Es war wohl die Mischung von entschlossenem und zielgerichtetem Gehen und festlich-heiterer Stimmung, die da auf so eindrückliche Weise ausstrahlte. Man spürte es: Hier kam in Gestalt von vier Menschen ein Fest die Straße entlang. Seit diesem Erlebnis verstehe ich sehr viel besser, daß in der jüdischen Tradition der Schabbat personal verstanden wird. So wird etwa im

Synagogen-Gottesdienst der Schabbat wie eine Person begrüßt. Dies war an jenem Tag in New York zu erleben. Mit diesen Menschen kam ein Fest die Straße entlang, daß die ganze alltägliche Umgebung qualifizierte und somit verwandelte. Deshalb bin ich nicht so pessimistisch bei der Frage, ob es auch unter den Bedingungen der Postmoderne so etwas wie eine Festtagserfahrung und damit dann verbunden auch eine Feiertagskultur geben kann.

Natürlich werden an dieser Stelle sofort auch fundamentale Unterschiede deutlich. Die Feiertagskultur der traditionalen Orts-Gesellschaft Hülben konstituierte einen geschlossenen, alle Menschen einbeziehenden Wahrnehmungs-Raum. Der flanierende Feiertag auf den Straßen New Yorks ist ein Augenblicksereignis, das nur eine begrenzte und in gewisser Hinsicht zufällige Anzahl von Menschen wahrnimmt. Ich möchte deshalb meine individuellen biographischen Erlebnisse nicht überhöhen. Mit solchen Erfahrungen allein ist eine Feiertagskultur nicht zu begründen und zu sichern. Aber nur aus solchen Erfahrungen heraus kann eine neue Feiertagskultur erwachsen.

Meine Kindheitserfahrung auf der Schwäbischen Alb und die erinnerte Erfahrung in New York haben dies gemeinsam, daß in ihnen eine *Atmosphäre* greifbar wird, die sich zu einer Kultur des Feiertages verdichtet hat. Nun hat gerade der Begriff der Atmosphäre in der gegenwärtigen ästhetischen Diskussion eine große Bedeutung gewonnen. Wir alle leben in Atmosphären, die uns bestimmen. So versetzt uns etwa ein Raum oder eine Landschaft ganz unbestreitbar in eine bestimmte Atmosphäre. Wir können uns dieser Atmosphäre nicht entziehen. Sie bestimmt uns, ob wir dies wollen oder nicht. Zugleich sind wir selbst an der Entstehung dieser Atmosphäre mit beteiligt. Wir begründen diese Atmosphäre mit und sind zugleich durch sie bestimmt.

Der Philosoph Gernot Böhme, der sich mit der Frage nach dem ästhetischen Gehalt von Atmosphären besonders beschäftigt hat, spricht zu Recht von dem »eigentümlichen Zwischenstatus von Atmosphären zwischen Subjekt und Objekt«[10]. Und er führt weiter aus: »Die Atmosphäre ist die gemeinsame Wirklichkeit des Wahrnehmenden und des Wahrgenommenen. Sie ist die Wirklichkeit des Wahrgenommenen als die Sphäre seiner Anwesenheit und die Wirklichkeit des Wahrnehmenden, insofern er, die Atmosphäre spürend, in bestimmter Weise leiblich an-

10. *Gernot Böhme,* Atmosphäre. Essays zur neueren Ästhetik, Frankfurt 1995, S. 22.

wesend ist.«[11] Mit diesen Worten des Ästhetiktheoretikers lassen sich auf instruktive Weise, wenn auch nicht erschöpfend, die Erfahrungen beschreiben, die im Schabbat oder in einem christlichen Gottesdienst zu machen sind.

Deshalb ist eine Feiertagskultur unter den Bedingungen der Postmoderne nur noch so zu begründen, daß die Menschen Wahrnehmungen der Atmosphäre eines Feiertags machen können. Es gilt also, Atmosphären des Feiertags herzustellen. Dabei kommt aber sofort eine weitere Eigentümlichkeit von Atmosphären zum Tragen. Atmosphären lassen sich nur begrenzt herstellen. Sie sind zweifellos mit menschlichem Tun verbunden. Und zugleich merken wir, daß sich die Wirkungen solcher Atmosphären nicht durch die bloße Addition aller Elemente menschlicher Gestaltungsbemühungen zwangsläufig ergeben. Atmosphären sind letztlich unverfügbar, sie stellen sich ein.

In diesem begrenzten Sinne ist nun zu fragen, was wir mit der kirchlichen Praxis zu einer Kultur des Feiertages in der Postmoderne beitragen können. Dabei sind zwei Ebenen wichtig: eine eher pragmatisch-politische Ebene und eine im strengen Sinn theologische Ebene.

Für die *pragmatisch-politische* Ebene muß die Erkenntnis leitend sein, daß unter den Bedingungen der Postmoderne eine Feiertagskultur umso lebendiger ist, je mehr kulturelle und religiöse Gruppen an dieser Feiertagskultur partizipieren können. Wahrscheinlich ist der dramatische Rückgang einer Feiertagskultur in unserer Gesellschaft mit darin begründet, daß ›Feiertag‹ nur als kirchlich-christlicher Feiertag begriffen wurde. Demgegenüber muß unsere Feiertagskultur pluralistischer werden. Dazu bedarf es eines konkreten politischen Gestaltungswillens, den ich gegenwärtig allerdings nicht sehe.

Wie wäre es in diesem Zusammenhang, wenn die protestantischen Landeskirchen analog zu jenem so heftig diskutierten ›Bündnis für Arbeit‹ die Initiative zu einem ›Bündnis für eine Feiertagskultur‹ ergriffen. An den Beratungen zu diesem Bündnis – die sicher nicht weniger kompliziert und gefährdet wären wie ein eventuelles ›Bündnis für Arbeit‹ – müßten alle politisch und gesellschaftlich relevanten Gruppen in unserer Gesellschaft teilnehmen: also die Kirchen und größeren religiösen Gruppen, die Gewerkschaften und Wirtschaftsverbände, die politischen Parteien und Vertreter der Medien, die Sport- und Wohlfahrtsverbände, usw. In einem ersten Schritt könnte man sich auf einen

11. A.a.O., S. 34.

integeren Grundbestand von Feiertagen außerhalb der Sonntage einigen. Alle Beteiligten einigen sich darauf, daß in den nächsten dreißig Jahren dieser Grundbestand nicht angetastet wird. Ein Desaster wie das um den Buß- und Bettag, in dem m.E. alle beteiligten Gruppen versagt haben, darf sich nicht wiederholen. Dieser so gesicherte Grundbestand, der sich durchaus beim gegenwärtigen Stand einpendeln könnte, wird dann sozusagen neu verteilt. Dabei müssen die beiden großen christlichen Kirchen wohl aus ihrem Besitzstand abgeben. Da die protestanische Kirche mit dem Buß- und Bettag diese Leistung bereits erbracht haben, wäre hier in erster Linie die katholische Seite gefragt. Die Gewerkschaften behalten ihren 1. Mai, die Politik ihren 3. Oktober. Unbedingt neu hinzukommen müßte jeweils ein islamischer und ein jüdischer Feiertag, wobei die beiden Gruppen entsprechende Vorschläge machen müßten, welchen Tag sie als gesetzlich geschützten Feiertag wollen. Dies wäre ein wesentlicher Impuls und eine entscheidende Bereicherung für eine neu entstehende Kultur des Feiertags in unserer Gesellschaft, wenn wir nun auch einen sozusagen offiziellen ›islamischen‹ und ›jüdischen‹ Feiertag hätten. An dieser Stelle könnte dann auch ein neues Interesse daran wachsen, was denn nun an den jeweiligen Feiertagen gefeiert wird. Hier wären sicher auch die Medien gefragt, ihre Programmgestaltung an diesen Tagen gründlich zu überdenken. Warum nicht ein Tag des Islam, ein Tag des Judentums, ein Tag der Gewerkschaftsbewegung, und dann natürlich auch wieder ein Karfreitag in unseren Medien?

Diese pragmatisch-politische Dimension lebt nun aber ganz entscheidend davon, daß die jeweiligen Gehalte dieser Feiertage von den sie repräsentierenden Gruppen authentisch vertreten werden. Und damit sind wir bei der im strengen Sinne *theologischen Dimension* unserer Fragestellung. Es ist ja nicht so, daß nur die ›böse Welt‹ den Sonntag und die Feiertage verloren hätte. Dieser Verlust hat intra muros begonnen. Eine Analyse etwa von Himmelfahrtspredigten wäre hier sehr aufschlußreich. Deshalb lautet meine These: *Der wirksamste Beitrag den die christlichen Kirchen zu einer Kultur des Feiertages in einer multikulturellen Gesellschaft leisten können, ist die Erhellung des authentischen Gehaltes des christlichen Sonntags, aus dem auch die anderen christlichen Feiertage leben.*

Dies bedeutet aber nichts anderes, als daß Theologie und Kirche die Kunst lernen müssen, einen Gottesdienst unter den Bedingungen der Postmoderne zu feiern.

III.

Wie sieht eine solche postmoderne Kunstlehre des Gottesdienstes aus? Das Stichwort der Kunst ist nicht zuletzt deshalb verführerisch, weil es ihm an einer gewissen Präzision mangelt. Es lockt mit einer verführerischen Offenheit, die Innovationen freizusetzen vermag. Es ist sicher sinnvoll, sich immer wieder dieser verlockenden Offenheit hinzugeben. Ohne die Lust zu einer solchen Offenheit ist kirchliche Praxis in der Postmoderne nicht denkbar. Gleichwohl ist es unerläßlich, nach, in, mit und unter solchen verlockenden Reisen ins Offene immer wieder in strukturierte Bahnen zurückzukehren. Deshalb sei hier eine solch strukturierte Spur des Gottesdienstes in der Postmoderne phänomenologisch gezeichnet.

Nach welcher Analogie aus dem weiten Feld der Kunst läßt sich der Gottesdienst begreifen? Eine solche Perspektivierung konstituiert immer auch wesentliche Aspekte des jeweiligen Gottesdienstverständnisses. Es ist ein Unterschied, ob ich den Gottesdienst analog einem Happening begreife oder gar als sinnliches Bacchanale, oder ob ich im Gottesdienst die religiöse Sonderform der herrscherlichen Verehrungsfeste der römischen Kaiserzeit wiederfinde.

Für den Gottesdienst in der Postmoderne ist die Analogie zum Theater, die in die Struktur des Gottesdienstes eingezeichnet ist, von besonderer Bedeutung. Von dieser Analogie her lassen sich wesentliche Elemente des Gottesdienstes sowohl in seinem Verständnis wie in seiner praktischen Vorbereitung und Durchführung erschließen.

Ich habe bereits an anderer Stelle versucht, einen Text von Martin Gropius in dieser Hinsicht fruchtbar werden zu lassen.[12] Gropius führt im Jahre 1934 in seiner Programmschrift über den ›Theaterbau‹ Folgendes aus:

»Der Theaterbau und seine Architektur ist das räumliche Gefäß der gesamten dramatischen Handlung; die Art seines Aufbaus kann nur aus den vielfältigen Bedingungen entwickelt werden, die das Bühnenkunstwerk selbst stellt.

Ich glaube, daß eine Reinigung und Erneuerung des Theaters, das im materialistischen Zeitalter der Maschine im Unterschied zu hohen Kulturen der Vergangenheit die tiefsten Beziehungen zur menschlichen

12. Vgl. dazu *Albrecht Grözinger,* Der Gottesdienst als Kunstwerk, in: Pastoraltheologie 81 (1992), S. 443-453.

Empfindungswelt verloren hat, nur von einer elementaren Klärung des umfassenden Problems der Bühne her in allen ihren theoretischen und praktischen Auswirkungen möglich ist ... In ihrem Urgrund entstammt die Bühne einer metaphysischen Sehnsucht, sie dient also dem Sinnfälligmachen einer übersinnlichen Idee. Die Kraft und Wirkung auf die Seele des Zuhörers und Zuschauers ist demnach abhängig vom Gelingen einer Umsetzung der Idee in sinnfällig Wahrnehmbares, in Wort, Ton und Raum.«[13]

Man kann nun diese Sätze von Gropius durch den Austausch weniger Worte um-schreiben, ohne daß er dabei seine Sinnfälligkeit verlöre. Der umgeschriebene Text lautet dann folgendermaßen:

»Der Kirchbau und seine Architektur ist das räumliche Gefäß all unserer gottesdienstlichen Bemühungen; die Art seines Aufbaus kann nur aus den vielfältigen Bedingungen entwickelt werden, die der Gottesdienst selbst stellt.

Ich glaube, daß eine Reinigung und Erneuerung des Gottesdienstes, der im materialistischen Zeitalter der Maschine im Unterschied zu hohen Kulturen der Vergangenheit die tiefsten Beziehungen zur menschlichen Empfindungswelt verloren hat, nur von einer elementaren Klärung des umfassenden Problems des Gottesdienstes her in allen seinen theoretischen und praktischen Auswirkungen möglich ist ... In seinem Urgrund entstammt der Gottesdienst einer metaphysischen Sehnsucht, er dient also dem Sinnfälligmachen einer übersinnlichen Idee. Die Kraft ihrer Wirkung auf die Seele der Gottesdienstbesucher ist demnach abhängig vom Gelingen einer Umsetzung der Idee in sinnfällig Wahrnehmbares, in Wort, Ton und Raum.«

Der Kunstgriff mit der Um-Schreibung des ursprünglichen Textes zeigt, daß die Theateranalogie für das Nachdenken über den christlichen Gottesdienst wirklich tragfähig ist. Gäbe es nicht wesentliche gemeinsame *strukturelle* Elemente zwischen Theater und Gottesdienst, so wäre dieser Text durch den Austausch seiner Leitbegriffe zerstört. Daß der Austausch hier jedoch gelingt, beweist auf eindrückliche Art und Weise die Nähe von Gottesdienst und Theater. Unter den Bedingungen der Postmoderne kommt dieser Nähe von Gottesdienst und Theater eine beson-

13. *W. Gropius,* Theaterbau, in: *M. Brauneck (Hg.),* Theater im 20. Jahrhundert. Programmschriften, Stilperioden, Reformmodelle, Reinbek 1982, 161-169, zit. Stelle 161f.

dere Bedeutung zu. Denn die Postmoderne hat eine unverkennbare Affinität zu allen Formen ästhetischer Darstellung, unter denen das Theater eine herausragende Stellung einnimmt.

Im Übrigen ist diese Erkenntnis so neu wiederum auch nicht. Nur ist sie dem theologischen Vergessen anheimgefallen. Theologische Theorie-Arbeit unter den Bedingungen der Postmoderne besteht nicht zuletzt auch darin, verschüttete Erkenntnis wieder an den Tag zu bringen. Die Geschichte zwischen Christentum und Theater war von Anfang an belastet. Dies rührt mit daher, daß die ersten Christen in den Arenen des Imperium Romanum den Märtyrertod unter dem amüsierten Beifall eines sensationslüsternen Publikums fanden. Reality-TV ist eine so neue Erfindung denn auch nicht. Das Theater galt deshalb dem christlichen Denken in der Regel als ein Antipode, allenfalls vorsichtig, sehr vorsichtig zu adaptieren und gründlich umzugießen, etwa in die Mysterienspiele des christlichen Mittelalters.

Diejenigen, die die Nähe des christlichen Gottesdienstes zu Elementen des Theaters sahen, waren da eher Rufer in der Wüste. Ein solcher Rufer in der Wüste war Gotthold Ephraim Lessing, der nun wahrlich etwas verstand sowohl von der Theologie als auch vom Theater. Im zweiten Stück des »Anti-Goeze« ruft Lessing seinem Kontrahenten zu: »Aber, Herr Hauptpastor, das ist mein Stil, und mein Stil ist nicht meine Logik. – Doch ja! Allerdings soll auch meine Logik sein, was mein Stil ist: eine Theaterlogik. So sagen Sie. Aber sagen Sie, was Sie wollen, die gute Logik ist immer die nämliche, man mag sie anwenden, worauf man will. Sogar die Art, sie anzuwenden, ist überall die nämliche. Wer die Logik einer Komödie zeigt, dem würde sie gewiß auch zu einer Predigt nicht entstehen; sowie der, dem sie in einer Predigt mangelt, nimmermehr mit ihrer Hilfe auch eine nur erträgliche Komödie zustande bringen würde, und wenn er der unerschöpflichste Spaßvogel unter der Sonne wäre. Glauben Sie, daß Pater Abraham gute Komödien gemacht hätte? Gewiß nicht; denn seine Predigten sind allzu elend. Aber wer zweifelt wohl, daß Molière und Shakespeare vortreffliche Predigten gemacht hätten, wenn sie anstatt des Theaters die Kanzel hätten besteigen wollen?«[14]

Die Beispiele zeigen, daß historische Erinnerungsarbeit für das Nachdenken über den Gottesdienst in der Postmoderne heute wieder innovatorisch wirkende Perspektiven zu erschließen vermag. Vor diesem Hintergrund sei nun die bisher mehr benannte als wirklich ausgeführte Thea-

14. *Gotthold Ephraim Lessing,* Werke. Dritter Band, Frankfurt 1967, S. 455.

teranalogie des Gottesdienstes systematisch befragt und zwar in drei Richtungen: als Frage nach dem Drehbuch des Gottesdienstes; als Frage nach dem Stellenwert der Predigt im Ganzen des Gottesdienstes; und als Frage nach dem Ort des Gottesdienstes im Kontext einer radikal pluralistischen Gesellschaft.

Jedes Theaterstück lebt von seinem *Drehbuch*. Von welchem Drehbuch lebt das Stück Gottesdienst, das Sonntag für Sonntag in den christlichen Kirchen zur Darstellung kommt?

Zur Beantwortung dieser Frage ist zunächst genauer zu fragen, was ein Drehbuch ist. Das Drehbuch ist nicht mit dem aufgeführten Theaterstück identisch, wohl aber will es den Weg weisen hin zur jeweils aufs Neue aktuellen Realisierung eines Theaterstückes. Und zwar will es diese Realisierung in einer bestimmten Weise vollzogen wissen. Drehbuch und Aufführung stehen also in einem Verhältnis von Differenz und Identität zueinander.

Um diese Differenz und Identität geht es auch in jedem christlichen Gottesdienst. Auf der einen Seite ist jeder Gottesdienst ein unverwechselbares Unikat. Es ist der Gottesdienst, der am Karfreitag in einer bestimmten Kirche in München, es ist der Gottesdienst, der am 8. Sonntag nach Trinitatis in einer bestimmten Kirche in Dortmund gefeiert wird. Und doch sind es nicht jeweils beliebige Gottesdienste. Jeder Gottesdienst weist über sich hinaus. Jeder Gottesdienst ist immer mehr als das, was sich sonntags zwischen zehn und elf Uhr in einer bestimmten Kirche abspielt. Das heißt: Jeder Gottesdienst hat ein überschießendes Moment, ihm wohnt eine bestimmte Transparenz inne. Deshalb können wir sinnvollerweise auch von *dem* christlichen Gottesdienst sprechen und nicht nur von den diversen christlichen Gottesdiensten.

Diese Transparenz über die jeweilige Aktualisierung hinaus will das Drehbuch leisten. Es enthält ein Mehr gegenüber seiner jeweiligen Aktualisierung, wie jede Aktualisierung zugleich ein Mehr gegenüber dem im vorliegenden Drehbuch Enthaltenen erzeugt.

Dieses Drehbuch des christlichen Gottesdienstes ist die *Agende*. Dieses besondere Drehbuch ist seinerseits durch eine doppelte Transparenz gekennzeichnet. Es muß jeweils neue Aktualisierungen ermöglichen. Und die ganze Debatte um die Erneuerte Agende drehte sich ja um die Frage, ob die Erneuerte Agende zu überzeugender Realisierung von Gottesdienst befähigt oder nicht. Zugleich muß die Agende transparent sein zu einem Ursprungsgeschehen hin, gegenüber dem es sich verantworten muß. Die Agende unterscheidet sich ja von einem Drehbuch dadurch, daß sich nicht ein Autor oder Regisseur, ein Samuel Beckett oder ein Gustav Gründgens, hinsetzen können und in freier Inanspruchnahme ihres Ingeniums ein Drehbuch erfinden. Die Liturgie nimmt für sich gerade in Anspruch nicht frei erfunden zu sein. Manfred Josuttis hat zu Recht gesagt: Eine Liturgie, die auch anders sein könnte, ist keine Liturgie.[15]

Die notwendige Transparenz der Liturgie konstituiert deren verbindliche Form, über deren Gestalt dann allerdings stets aufs Neue zu befinden ist. Es ist die Gottesgeschichte selbst, zu der hin jede verantwortliche Liturgie auf eine plausible Weise transparent sein muß. Dieser Gottesgeschichte genügt nicht ein liturgischer Verweis auf ein ansonsten unbestimmtes numinoses Wesen, das uns als Fascinosum tremens begegnet, sondern es handelt sich um eine ganz bestimmte Geschichte, eine Geschichte mit Ecken und Kanten, eine Geschichte mit einem Anfang und einem Ende. Kurz: es geht um die Gottesgeschichte mit Israel und in der Person Jesu von Nazareth mit der ganzen Welt, wie sie uns in den biblischen Texten erzählt wird.

Diese Geschichte ist selbst dramatisch. Wahrscheinlich kann es den christlichen Gottesdienst nur geben, weil die Dramatik dieser Geschichte selbst hin zur gottesdienstlichen Wieder-holung drängt. Die englische Kriminalschriftstellerin Dorothy L. Sayers, die auch eine Reihe sehr nachdenklicher theologischer Essays geschrieben hat, eine Kundige also in Sachen Theologie und Dramatik, hat diesen Zusammenhang beschrieben. Bezeichnenderweise gibt sie ihrem Essay den Titel ›Das größte Drama aller Zeiten‹. Dort führt sie unter anderem aus: »Niemand ist gezwungen, auch nur ein einziges Wort dieser merkwürdigen Geschichte zu glauben ... Wir können diese Lehre [sc. die aus der Gottesgeschichte resultiert] einleuchtend nennen oder verheerend. Wir können sie Offenbarung nennen oder auch alten Plunder. Wenn wir sie aber langweilig nennen, dann haben Worte keinen Sinn mehr. Daß Gott des Menschen Tyrann sei, das ist die düstere Meinung unfreier Sklaven. Daß der Mensch des Menschen Tyrann sei, das ist das übliche traurige Lied menschlicher Erbärmlichkeit. Aber daß der Mensch zum Tyrannen Got-

15. Vgl. zum Gottesdienstverständnis vom Josuttis insgesamt *Manfred Josuttis,* Der Weg in das Leben. Eine Einführung in den Gottesdienst auf verhaltenswissenschaftlicher Basis, 2. Aufl., Gütersloh 1993.

tes wird und in ihm einen besseren Menschen findet als in sich selber, das ist der Inhalt eines auf alle Fälle erstaunlichen Dramas ... Vielleicht ist das Drama nun ausgespielt und Jesus glücklich gestorben und begraben. Vielleicht. Es ist eine ironische und ergötzliche Erinnerung, daß diese Meinung wenigstens einmal in der Weltgeschichte in voller Überzeugung ausgesprochen worden sein könnte am Vorabend von Jesu Auferstehung von den Toten.«[16]

Es ist die Überzeugung der christlichen Gemeinde, daß dieses Drama nicht ausgespielt ist. An Ostern öffnete sich der Vorhang zu einem neuen Akt in diesem Drama, das seitdem im christlichen Gottesdienst zur Darstellung kommt. Es war deshalb auch eine glückliche sprachliche Entscheidung Schleiermachers, daß er das gottesdienstliche Handeln als ›darstellendes Handeln‹ begriffen hat, das nicht einen außer ihm liegenden Zweck verfolgt, sondern seinen Zweck in der dramatischen Darstellung der Gottesgeschichte selbst hat. Darin ist die doppelte Transparenz des gottesdienstlichen Drehbuchs begründet. Sie muß eine Transparenz nach hinten, hin zur Ursprungs-Geschichte des Glaubens gewährleisten, und eine Transparenz hin in die jeweils neue Gegenwart hinein. In der posttraditionalen Gesellschaft der Postmoderne ist eine überzeugende Realisation dieser Transparenz besonders schwierig geworden. Menschen jedoch, die unter dem Zwang zur Erfindung des eigenen Lebens stehen, werden auf solche Transparenzen, sofern sie gelungen zur Darstellung kommen, mit erhöhter Aufmerksamkeit reagieren.

Daraus resultiert eine weitere Analogie zwischen dem Theater und dem Gottesdienst. Es gibt nicht die ein für allemal gültige Aufführung eines Theaterstückes, und es gibt nicht die *eine* gültige Form christlichen Gottesdienstes. Gottesdienst ist gerade darin Wieder-Holung der Gottesgeschichte, daß sich der Gottesdienst selbst in seiner individuellen Gestalt nicht wiederholt. Wir alle kennen das schale Gefühl, das in uns aufkommt, wenn wir den Eindruck haben, einer alten Predigt aus der Perikopenreihe von vor sechs Jahren oder einer abgedroschenen Gottesdienstidee zu begegnen. Die Geschichte, an die der Gottesdienst erinnert ist alt, ur-alt. Und gerade deshalb muß der Gottesdienst jung sein. Weil uns ja auch eine Wagner-Inszenierung im Stil des ausgehenden 19. Jahrhunderts heute nur noch langweilen wird. Man kann zugespitzt sagen: Gerade die Treue zum Drehbuch verlangt dessen stets neue Realisierung.

16. *Dorothy L. Sayers,* Das größte Drama aller Zeiten, Zürich 1982,S. 32f.

Diese immer neue Realisierung als Akt der Treue ist immer auch ein Akt des Schaffens im emphatischen Sinn. Deshalb gehört ästhetische Kompetenz zu den unabdingbaren Voraussetzungen für liturgisches Handeln in der Postmoderne. Gottesdienst verwandelt die agendarische Vorgabe in reine Aktualität. Es wird ja im Gottesdienst gerade nicht die Agende vorgelesen, wie ja auch im einem Konzert den Zuhörerinnen und Zuhörern nicht die Partitur zum Lesen ausgeteilt wird. Sondern die Agende verwandelt sich in die reine Zeitlichkeit ihrer Darstellung. Die Agende ist auf die Art und Weise anwesend, daß sie in ihrer Druckform gerade abwesend ist. So wie bei einer gelungenen Aufführung eines Theater- oder eines Musikstückes Regiebuch und Partitur völlig unerheblich werden, weil die Jetzt-Zeit der Darstellung in sich selbst ihre überzeugende Gültigkeit erweist.

Die Theateranalogie stößt an dieser Stelle jedoch auch an eine Grenze. Im Theater sind die Rollen sehr viel klarer aufgeteilt als im Gottesdienst. Der Regisseur ist der erste Anwalt des Drehbuches; die Schauspieler realisieren die Anweisungen des Regisseurs; die Zuschauenden nehmen die Aufführung in Zustimmung und Widerspruch zur Kenntnis.

Im Gottesdienst verschmelzen diese Grenzen. Gibt es im Gottesdienst einen Regisseur? Gibt es Schauspieler? Wer sind die Zuschauer? Der Pfarrer/die Pfarrerin als Regisseur? Sicher ein Stück weit, indem die Lieder mit dem Organisten abgesprochen, gewisse räumliche Arrangements dem Küster aufgetragen werden. Doch bleibt der Theater-Regisseur im Hintergrund. Er darf allenfalls zum Applaus auf die Bühne. Der Pfarrer steht jedoch im Gottesdienst in herausgehobener, sichtbarer Position. Ist er also eher der Schauspieler? Doch wie ist es mit dem Gebet? Sagt der Pfarrer das Gebet einfach auf? Ich denke: er betet mit. Dies transzendiert die Rolle des reinen Schauspielers. Und die Zuschauer? Sind die Gemeindeglieder die Zuschauerinnen und Zuschauer? Beim Singen und Beten – wesentlicher Bestandteil des christlichen Gottesdienstes – sind sie die wesentlichen Akteure. Wir sehen also: So aufschlußreich die Theateranalogie hinsichtlich der Frage nach dem Drehbuch ist, so sehr stößt sie hinsichtlich der beteiligten Akteure an eine Grenze.

Es dürfte allerdings eine spannende Frage sein, ob hier nicht der Gottesdienst jenes überschießende Moment hat, das das Theater gerne für sich in Anspruch nehmen würde. Gerade reformtheaterische Versuche zeichnen sich dadurch aus, daß sie die klassische Rollenteilung von Regisseur, Schauspieler und Zuschauer zu überwinden suchen. So läßt sich etwa das Epische Theater eines Bertolt Brecht durchaus als die Form eines säkularen Gottesdienstes begreifen, indem die klassischen Begrenzungen des Theaters überwunden werden sollen. Hier liegt für weitere Forschungen, Überlegungen und Diskussionen ein noch unentdecktes Feld.

Damit stehen wir vor der zweiten Fragestellung, die unter dem Stichwort von der *Predigt als einem monologen Drama* perspektiviert werden kann. Das Stichwort des monologen Dramas entstammt einem Aphorismus des Novalis.[17]

Manfred Josuttis hat in der jüngsten Diskussion um den Gottesdienst mit seinem Buch ›Der Weg in das Leben‹ den profiliertesten und zugleich umstrittensten Diskussionsbeitrag vorgelegt. Josuttis versucht die dramatische Struktur des Gottesdienstes auf verhaltenswissenschaftlicher Basis zu rekonstruieren. Dabei fällt auf, daß der Predigt ein relativ geringer Stellenwert zukommt. Ist die Predigt ein Fremdkörper im Drama ›Gottesdienst‹? Dann wäre die orthodoxe und katholische Praxis des Gottesdienstes dem Wesen des Gottesdienstes sehr viel angemessener als der protestantische Gottesdienst mit seiner Zentralstellung der Predigt. Diese Zentralstellung der Predigt wäre dann nichts anderes als eine kognitive Verirrung, die schleunigst rückgängig zu machen wäre. Solche Stimmen sind ja auch im Raum der protestantischen Kirchen durchaus zu vernehmen.

Ich denke allerdings, daß der Novalis'sche Aphorismus von der Predigt als einem monologen Drama uns andere Perspektiven eröffnet. Gerade im Drama ›Gottesdienst‹ hat die Predigt ihren unverwechselbaren Ort und ihre Bedeutung. Die recht verstandene Predigt ist nämlich noch einmal ein Gottesdienst im Gottesdienst, indem die Predigt in der Darstellungsform der Sprache uns die Gottesgeschichte nahe zu bringen versucht. Damit die Gottesgeschichte uns nahe gebracht werden kann, muß die Predigt ganz spezifische Bedingungen erfüllen. Sie muß einen Sprach-Raum eröffnen, in dem unsere je individuelle Lebensgeschichte und die Gottesgeschichte – wenigstens partiell – zur Verschmelzung kommen können.

17. *Novalis,* Werke, Briefe, Dokumente, hg. von E. Wasmuth, Band II, Heidelberg 1957, S. 377.

Dies allerdings erfordert ein bestimmtes Verständnis der Predigt, das mit dem Main-Stream des expliziten protestantischen Predigtverständnisses nicht unbedingt übereinstimmt. Im Jahre 1966 konnte Dietrich Rössler in seinem wegweisenden Aufsatz über ›Das Problem der Homiletik‹[18] mit einem gewissen Recht feststellen, daß der Satz ›Predigt ist Auslegung eines biblischen Textes‹ so etwas wie den Basis-Konsens der protestantischen homiletischen Diskussion darstelle. Dieser Basis-Konsens ist zu Recht inzwischen brüchig geworden. Zwar beschreibt dieser Satz eine ganz unbestreitbare Dimension der Predigt, jedoch nicht deren wichtigste und schon gar nicht deren einzige. Die Auslegung eines biblischen Textes ist die Exegese. Diese ist jedoch mit der Predigt nicht identisch. Insofern beschreibt der Satz ›Predigt ist Auslegung eines biblischen Textes‹ gerade nicht das Spezifische des Predigtgeschehens. Demgegenüber hat Henning Luther vorgeschlagen, die Aufgabe der Predigt nicht als Auslegung, sondern als *Inszenierung des biblischen Textes* zu begreifen.[19] Auch für das Verständnis der Predigt erscheint die Theateranalogie so hilfreich wie fruchtbar zu sein.

Henning Luther thematisiert die Frage nach der exegetischen Verantwortlichkeit der Predigt bezeichnenderweise unter dem theater-ästhetischen Begriff der Werktreue: »Werktreue ... kann sich daher nicht am isolierten Text als solchem festmachen, da die Inszenierung dann asymptotisch auf bloße Textlesung hinausliefe, sondern muß ausgehen vom dialektischen Vermittlungsprozeß zwischen dem Text in seiner Zeit und Geschichte einerseits und dem Interpreten in seiner gegenwärtigen Situation andererseits ... Werktreue wäre demnach nur als Wirkungstreue zu verstehen, als Bereitschaft, den vergangenen alten Text in unserer Zeit aktiv werden zu lassen. Die inszenatorischen Interpretationen stellen daher nicht Versuche der Annäherung an den Text dar, sondern Realisationen desselben. Werktreue ist nicht Inszenierung, die eine philologisch exakte oder sinnadäquate Wiedergabe des Textes bietet, sondern die, die den veränderten geschichtlichen Umständen entsprechende neue Konkretisationen schafft, in denen der Text weiterlebt ... Predigt wäre demnach *nicht als Textauslegung* zu begreifen, sondern als die *Inszenierung eines Textes*, als der Versuch, den Text in

18. Vgl. dazu *Dietrich Rössler,* Das Problem der Homiletik, in: Theologia Practica 1 (1966), S. 14-28.
19. Vgl. dazu *Henning Luther,* Predigt als inszenierter Text. Überlegungen zur Kunst der Predigt, in: Theologia Practica 18 (1983), Heft 3/4, S. 89-100.

Szenen unserer Situation, unserer Gegenwart zu versetzen, damit er da neu wirken und leben kann.«[20]

Henning Luther hat in seinen Predigten und Andachten dieser Konzeption der Predigt als inszeniertem Text auf überzeugende Weise Ausdruck verliehen. Deshalb sei hier – soweit dies in narrativer Verkürzung möglich ist – ein solcher Versuch Luthers vorgestellt. Henning Luther hat am 9. Februar 1990 in Marburg eine Universitätsandacht über Apostelgeschichte 17, 22-34, also die berühmte Areopag-Rede des Paulus, gehalten. Die Druckfassung dieser Andacht trägt die Überschrift ›Dem unbekannten Gott – oder: Paulus in Frankfurt‹, schlägt also einen dramatischen Bogen vom antiken Athen zum modernen Frankfurt. In der Predigt reihen sich ausschließlich Szenen aneinander. Eduard Thurneysen, Karl Barth und Lukas sitzen in einer Basler Weinstube. Thurneysen und Barth feiern feuchtfröhlich ihren Triumph über die Vertreter der natürlichen Theologie. Sie suchen lachend das Einverständnis des Lukas, der sich ihnen zugesellt hat. Doch dieser verweigert sich. Der Text Apostelgeschichte 17, 22-34 erscheint im Munde des Lukas als die Erzählung eben eines solchen von Barth vehement verneinten Anknüpfungsversuches an die Lebenswelt der Zuhörenden. Dann folgt ein Szenenwechsel. Ein offensichtlich akademisch arrivierter Theologe (die Kundigen in der gegenwärtigen theologischen Landschaft werden in ihm zweifellos Michael Welker erkennen) sitzt zusammen mit zwei Theologiestudierenden im Frankfurt der Gegenwart, ebenfalls in einer Weinstube. Auch hier herrscht die Polemik vor, diesmal gegen die EKD-Studie »Christsein gestalten«. Und wieder ist Lukas der Störenfried. Er erzählt wie Paulus gepredigt hat, diesmal auf dem Römerberg. Er spricht über die Götter Frankfurts, die Konsum- und Kunsttempel, die die Stadt zieren. Er spricht von dem Strafentlassenen mit dem Schild ›Ich habe Hunger‹ und er spricht von einem verwehten Zettel in der U-Bahn-Station mit einigen Zeilen eines Gedichtes von Ingeborg Bachmann. Spuren des unbekannten Gottes. Ein szenisches Kaleidoskop also. Keine Exegese: wie war es *damals*. Sondern Paulus ganz direkt und ungebrochen *heute*.

Im Gespräch im Homiletischen Seminar über diese Predigt ist den Studierenden aufgefallen, daß die Predigt ihre wesentlichen Momente in dem hat, was sie nicht sagt. So insistieren die beiden fiktiven Theolo-

20. A.a.O., S. 96f.

giestudierenden in Frankfurt gegenüber Lukas darauf, was denn nun Paulus auf dem Römerberg genau gesagt habe. Doch Lukas antwortet nur kurz und bündig: ›Er hat den Christus verkündigt‹. Zu mehr ist er nicht bereit. Die Hörerinnen und Hörer selber müssen die Frankfurter Predigt des Paulus schreiben. Und sie können es auch, wenn sie sich auf die Szenen, die die Andacht entfaltet, einlassen. Predigt als inszenierter Text: das ist jener dramatisch gestaltete Sprachraum, der uns einlädt, in diesen Raum einzutreten und dort unsere eigenen Worte zu finden. Unter den Bedingungen der Postmoderne wird dies zu einer Conditio sine qua non überzeugender Predigt.

Eine solche Predigt hat dann zugleich ihren unverwechselbaren Ort im Drama Gottesdienst. Als Drama im Drama. Als sprachliches Kunstwerk, das in eine Spannung versetzt, die uns selbst zu einer Auflösung einlädt. Eine Predigt entsteht im Grunde zweimal: Auf der Seite des Predigers/der Predigerin und in denen, die sie hören. Diese beiden Predigten müssen nicht unbedingt identisch sein. Eine Predigt hat dort ihr Ziel erreicht, wo sie den Predigthörerinnen und Predigthörern ein Skript an die Hand gibt, nach dem sie ihre eigene Predigt schreiben können. Diese Souveränität klagen heute postmoderne Predigthörerinnen und Predigthörer mit guten Gründen ein.

Es dürfte einleuchten, daß die bisher beschriebene ästhetische Struktur des Gottesdienstes, den Gottesdienst in der Tat zum Kunstwerk werden läßt. Von daher ergeben sich auch Perspektiven für das Gesamtverständnis des Gottesdienstes.

Bereits Schleiermacher hat das gottesdienstliche Handeln als ›unterbrechendes Handeln‹ begriffen. Was wird durch den Gottesdienst unterbrochen? Schleiermacher sagte noch: das Geschäftsleben. Wir würden heute besser sagen: die Alltagswelt. Dies war auch das Thema des großen Theoretikers des Gottesdienstes an der Wende von den 60er- zu 70er-Jahren, nämlich Ernst Lange. Lange beschrieb den Gottesdienst als die Feier, die in Erinnerung an die Geschichte Jesu Christi den Alltag der Welt ins Licht der Verheißung rückt. Da der Alltag dieses Licht der Verheißung nicht aus sich selbst heraus freizusetzen vermag, bedarf es eines Gegenüber zu diesem Alltag. Gleichwohl wird der Gottesdienst in seiner empirischen Dimension natürlich stets im Alltag der Welt gefeiert. Gottesdienst findet nicht in einer überempirischen Sonderwelt statt. Wie kann dieser Sachverhalt ohne Mystifikationen genauer beschrieben werden? Ich denke, die Reflexion auf die Struktur eines Kunstwerkes schlechthin, also nicht nur des Gottesdienstes, kann uns dazu führen, diese merkwürdige Stellung in und zugleich gegenüber der Welt ohne Mystifikationen zu beschreiben.

Ein Kunstwerk setzt sich aus den Elementen unserer Wirklichkeit zusammen und schafft zugleich eine andere Wirklichkeit. Der Schriftsteller Dieter Wellershoff hat die Entstehung und Wirkungsweise eines poetischen Textes – und diese Gattung kann exemplarisch für jedes andere Kunstwerk stehen – mit folgenden Worten beschrieben: »Wenn ich jetzt sage – nasse schwarze Ziegeldächer mit kleinen Schneeresten, Fernsehantennen vor tiefhängenden Wolken, es regnet, die Gardinen der kleinen Mansardenfenster sind zugezogen, niemand scheint da zu sein – dann ist das der Blick aus dem Fenster meines Arbeitszimmers im selben Moment, in dem ich das schreibe. Aber auch Sie, an ganz anderer Raumzeitstelle, sehen etwas, weil der Text in Ihnen Vorstellungen weckt und sie organisiert. Eben das geschieht im Schreiben und wird später nachvollzogen von jedem einzelnen Leser. Das produktive Material, mit dem ein Schriftsteller arbeitet, ist ein Vorrat unwillkürlich gewordener Bilder. Die Faszination, der er folgt, oder sagen wir sein Thema, ruft diese Bilder auf, und sie können so neu, leibhaft und authentisch wie Wahrnehmungen sein ... Vielleicht sind diese Imaginationen das Gegenteil seiner tatsächlichen Erfahrung, vielleicht werden versteckte ungelebte Möglichkeiten in ihnen ausgeführt, vielleicht sind es Wunschbilder, Schreckbilder, vielleicht sind es Verschiebungen, Umkehrungen, Radikalisierungen, auf jeden Fall wird die unmittelbare Erfahrung fiktiv vervielfacht und erweitert. Durch die imaginäre Kombinatorik wird mehr daraus, Neues und anderes.«[21]

Dem Kunstwerk wohnt also ein Überschuß inne. Sein Material ist die vorhandene Wirklichkeit, es organisiert diese Wirklichkeit aber neu. Insofern fügt jedes Kunstwerk der Wirklichkeit etwas hinzu. Der Literaturwissenschaftler Johannes Anderegg hat diesen Prozeß als einen Prozeß der ›Verwandlung‹ der Wirklichkeit beschrieben.[22] Dieser Prozeß der Verwandlung wird möglich durch den fiktiven Gehalt, den jedes Kunstwerk aufweist.

21. *Dieter Wellershoff,* Wahrnehmung und Phantasie. Essays zur Literatur, Köln 1978, S. 28.

22. Vgl. dazu *Johannes Anderegg,* Sprache und Verwandlung. Zur literarischen Ästhetik, Göttingen 1985.

Einen solchen fiktiven Gehalt hat jeder Gottesdienst. Diese These wird zunächst einmal Widerspruch provozieren. Zu sehr sind wir in unserem Vorverständnis in einer wirkungsmächtigen abendländischen Tradition befangen, die der Fiktion einen minderen ontologischen Status zuweist als der empirischen Wirklichkeit. Die empirische Wirklichkeit, das gilt als das Handfeste, Gegebene, als Fakt, eben als das Reale. Fiktion, das gilt als das Bauen von Luftschlösser, angenehm vielleicht, aber eben auch trügerisch, der empirischen Wirklichkeit nicht gewachsen.

Ich denke, wir haben allen Grund gerade als Theologinnen und Theologen diesem Verständnis von Fiktion zu widersprechen. Ein Blick auf die Reich-Gottes-Predigt des Jesus von Nazareth lehrt uns hier ein anderes. Seine Rede vom Reich Gottes bringt uns dieses Reich Gottes in seiner Wirklichkeit *in Gleichnissen* nahe. Die Gleichnisse Jesu sind aber nichts anderes als kleine Kunstwerke, Fiktionen en miniature, in denen am und im Material der Wirklichkeit das Licht der Verheißung auf diese Wirklichkeit fällt und die Welt damit verändert. Wer sich auf die Gleichnisse Jesu einläßt, dem *ist* die Welt eine andere geworden.

Nichts anderes geschieht im Gottesdienst. Bereits seine trinitarische Eröffnung stellt die Gegenwart dieser Stunde gottesdienstlichen Feierns unter die Realität des Gottes, von dem wir immer nur sagen können: Es verhält sich mit ihm wie mit einem Vater, der seinem Sohn mit offenen Armen entgegenläuft ... Es verhält sich mit ihm wie mit einem guten Hirten, der keine Mühe scheut ... usw. Wenn wir im Gottesdienst Gott als den Schöpfer preisen, so treten wir in eine fiktive Gegenwelt zu der Welt ein, der sich der homo faber als Steinbruch für seine kurzfristigen Zwecke bedient. Wenn wir im Gottesdienst singen vom Morgenglanz der Ewigkeit, so erinnern wir in fiktiven Bildern (das himmlische Jerusalem etwa!) daran, daß der Wirklichkeit der Welt ihre verwandelnde Zukunft noch aussteht.

Gottesdienst wird so zur sinnlichen *Gegen-Schrift* zu unserer Realität, und er wird doch inmitten dieser Realität gefeiert. Gerade die Postmoderne mit ihrem radikalen Pluralismus, der immer in der Gefahr steht, in die Indifferenz zu führen, ist auf solche Gegen-Schriften angewiesen, mittels denen je aufs neue eine individuell ansprechende Verbindlichkeit entstehen kann.

3.2 Bruchstellen – Das seelsorgerliche Gespräch unter den Bedingungen der Postmoderne

I.

Es ist eine Grundthese der in diesem Buch entwickelten Gedanken, daß Theologie und Kirche der Herausforderung durch die Postmoderne nur dann gerecht werden, wenn sie in der Reflexion auf ihre Theorie- und Praxisfelder auch die geschichtliche Tiefendimension, die jeder Gegenwart innewohnt, in den Blick bekommen. Deshalb seien die nachfolgenden Überlegungen zu den Aufgaben des seelsorgerlichen Gespräches unter den Bedingungen der Postmoderne eingeleitet mit einem Blick auf die dieser gegenwärtigen Herausforderung vorausgehende Diskussion.

Wir blicken zum gegenwärtigen Zeitpunkt auf eine ungemein produktive Zeit der poimenischen Theoriebildung zurück. Diese Phase der Theorie der Seelsorge ist aufs engste mit dem Paradigma der ›Pastoralpsychologie‹ verbunden, das seinen Ausgang in den USA genommen hat und über die Niederlande an der Wende von der 60er- zu den 70er-Jahren in der Bundesrepublik Deutschland zum dominanten Paradigma der wissenschaftlichen Theorie der Seelsorge geworden ist. Große akademische Lehrer der Seelsorge waren in unserem Land an der Ausbildung und Ausdifferenzierung des pastoralpsychologischen Paradigmas beteiligt: Joachim Scharfenberg, Dietrich Stollberg, Hans-Christoph Piper, Klaus Winkler und viele andere mehr.

Gleichwohl konnte das pastoralpsychologische Paradigma nie unbestrittene Geltung beanspruchen. In Rudolf Bohren etwa hat dieses Paradigma einen streitbaren Gegner gefunden, ebenso in Helmut Tacke einen sicher weniger heftigen, gleichwohl entschiedenen Mahner und Erinnerer an die Grenzen und Blindstellen der Pastoralpsychologie. Deshalb kann es nicht verwundern, daß gegenwärtig angesichts einer zweifelsohne erkennbaren Erschöpfung des pastoralpsychologischen Paradigmas Stimmen laut werden, die quasi zu einem Roll-Back der ganzen Seelsorgediskussion aufrufen.

In diese Richtung zielend kann man mehrere öffentliche Äußerungen etwa von Christian Möller verstehen.[23] Sein großes und anregendes Unter-

23. Vgl. dazu exemplarisch das Nachwort von Christian Möller zur 3. Auflage von *Helmut Tacke,* Glaubenshilfe als Lebenshilfe. Probleme und Chancen heutiger Seelsorge, 3. Aufl., Neukirchen-Vluyn 1993; ebd. S. 295-302.

nehmen, nämlich die von ihm herausgegebene dreibändige ›Geschichte der Seelsorge in Einzelporträts‹[24], hat eine eindeutige wissenschaftspolitische und kirchenpolitische Stoßrichtung. So heißt es in Möllers Vorwort zum ersten Band dieser Seelsorgegeschichte: »Erst allmählich erwacht ein neues Bewußtsein dafür, wie sehr der Seelsorge ihre Identität verlorengeht, wenn sie ihre eigene Geschichte vergißt. Der amerikanische Pastoraltheologe Thomas C. Oden zum Beispiel, der den Weg der Seelsorgebewegung in den USA maßgeblich mitbegleitet hat, beklagte auf einem internationalen Kongreß für Seelsorge und Beratung in Edinburgh 1979 die Geschichtslosigkeit und den damit verbundenen Gedächtnisschwund der modernen Seelsorge. Mit Anton Boisen sei die klassische pastorale Weisheit über vier Jahrzehnte in einen Tiefschlaf gefallen, und erst jetzt komme es in den USA zu einem allmählichen Erwachen, weil die Zeit reif sei für eine größere Wiederentdeckung der klassischen christlichen Seelsorge.«[25] Auch wenn sich Christian Möller mit seinen Formulierungen etwas hinter Thomas Oden versteckt hält, so entsteht doch der Eindruck, daß auch er aufruft zu einem Zurück hinter die Pastoralpsychologie, zu den ›klassischen Positionen‹ der christlichen Seelsorge – was immer wir darunter zu verstehen haben.

Einem solchen Roll-Back möchte ich auf keinen Fall das Wort reden. Gleichwohl – und an dieser Feststellung sei nachdrücklich festgehalten! – erscheint das pastoralpsychologische Paradigma, dem wir so viel richtige und wichtige Einsichten verdanken, gegenwärtig erschöpft zu sein. Der Wissenschaftstheoretiker Thomas S. Kuhn, der den Begriff des wissenschaftlichen Paradigmas geprägt hat, versteht darunter »allgemein anerkannte wissenschaftliche Leistungen, die für eine gewisse Zeit einer Gemeinschaft von Fachleuten maßgebende Probleme und Lösungen liefern«[26].

Es ist deutlich, was in dieser Hinsicht das pastoralpsychologische Paradigma geleistet hat. In diesem Zusammenhang sind vor allem drei Punkte zu nennen:

Die Theorie der Seelsorge hat Anschluß gefunden an die großen anthropologischen Entdeckungen der Tiefenpsychologie eines Sigmund

24. *Christian Möller (Hg.),* Geschichte der Seelsorge in Einzelporträts. 3 Bde., Göttingen/Zürich 1994-96.
25. A.a.O., Band 1, S. 7.
26. *Thomas S. Kuhn,* Die Struktur wissenschaftlicher Revolutionen, 2. Aufl., Frankfurt 1976, S. 10.

Freud und C.G. Jung und der weiteren Ausdifferenzierungen der Tiefenpsychologie.

Die Theorie der Seelsorge hat die Bedeutung der Strukturen des seelsorgerlichen Gespräches erkannt und die Rollen von Seelsorger/in und Ratsuchenden in einer gleichberechtigten Beziehung zu begreifen versucht.

Die Theorie der Seelsorge hat erkannt, daß es einer reflektierten Methodik der Gesprächsführung bedarf und daß eine solche Methodik ebenso lehrbar wie erlernbar ist. Seelsorgerliche Kompetenz fällt nicht vom Himmel, sondern muß erworben werden.

Georg Wilhelm Friedrich Hegel hat das schöne Bild von der Eule der Minerva geprägt, die ihren Flug in der Dämmerung beginne und auf eine bestimmte Gestalt des Lebens erst blicke, wenn diese alt und schwach geworden sei. In dieses Stadium des Fluges der Eule der Minerva ist gegenwärtig die Pastoralpsychologie eingetreten. Die im Jahre 1985 in erster Auflage erschienene ›Einführung in die Pastoralpsychologie‹ von Joachim Scharfenberg ist das großartige Dokument dieses Eulenfluges der Pastoralpsychologie. Hier haben wir alles an Leistungen und Perspektiven dieses wissenschaftlichen Paradigmas gesammelt, geordnet und perspektiviert. Ein Blick zurück weitaus mehr als ein Blick nach vorne. Man kann dies schon im Argumentations- und Darstellungsstil erkennen. Stellte das im Jahre 1972 in erster Auflage erschienene Buch Scharfenbergs ›Seelsorge als Gespräch‹ einen Aufbruch dar (quasi die Sturm- und Drang-Epoche der Pastoralpsychologie in Deutschland), so wird im Jahre 1985 die Ernte eingefahren.

Was bedeutet dies für das pastoralpsychologische Paradigma? Bei der Beantwortung dieser Frage scheint ein Vergleich mit politischen Grundkonstellationen aufschlußreich. Ralf Dahrendorf hat die 70er- und 80er-Jahre unseres Jahrhunderts in den demokratisch-pluralen Staaten Europas das ›sozialdemokratische Zeitalter‹ genannt, weil viele Ziele der demokratischen Linken zum politischen Allgemeingut geworden seien. Zur gleichen Zeit ist ein Niedergang der sozialdemokratischen Parteien etwa in England, Deutschland und Schweden zu beobachten. Dahrendorf sieht hier eine klar erkennbare Dialektik am Werk. Eben weil die Ziele der sozialdemokratischen Bewegung beinahe schon zum politischen Allgemeingut geworden sind (Jacques Chirac etwa hat als Gaullist noch im Jahre 1995 in seinen Parolen einen klar sozialdemokratisch ausgerichteten Wahlkampf geführt), eben deshalb wird die Sozialdemokratie als politische Kampfbewegung überflüssig. Wobei die sozialdemokratischen Parteien in dem Augenblick wieder erstarken (und dies ist gegenwärtig der Fall), in dem der sozialdemokratische Konsens zu zerbröckeln droht. Tony Blair hat seinen überragenden Wahlerfolg seiner Doppelrolle von Modernisierer und ›postmoderner Wahrer‹ des sozialdemokratischen Konsenses zu verdanken.

Gleiche Entwicklungen lassen sich auch im Bereich der Theoriegeschichte ausmachen. Ein wissenschaftliches Paradigma – dies hat der Wissenschaftstheoretiker Thomas S. Kuhn gezeigt – gelangt weniger dadurch an ein Ende, daß es widerlegt wird, sondern dadurch, daß die von einem Paradigma gestellten Fragen keine spannenden Lösungen mehr erwarten lassen. Dies meint die Rede von der Erschöpfung eines wissenschaftlichen Paradigmas. Ein wissenschaftliches Paradigma erschöpft sich nach einer Phase großer Leistungen. Insofern stellt die Aussage, daß ein bestimmtes wissenschaftliches Paradigma an Kraft verloren hat, weniger eine Kritik oder gar eine Kränkung dar, sondern ist weitaus mehr eine Aussage über seine spezifischen Leistungen. In diesem Sinne sage ich also: Das pastoralpsychologische Paradigma hat sich erschöpft.

Und jetzt wird es natürlich spannend. Denn wer sagt, das pastoralpsychologische Paradigma habe sich erschöpft, der oder die ist auch verpflichtet, darüber Auskunft zu geben, was denn danach komme. Wir haben eine Antwort auf diese Frage bereits gehört: nämlich den Ruf zurück zu den klassischen Positionen der christlichen Seelsorge. Wer aber hinter ein Paradigma zurückgreift, geht von dessen Scheitern aus. Das Paradigma der Pastoralpsychologie ist jedoch gerade nicht gescheitert, wie etwa das wissenschaftliche Paradigma des Leninismus gescheitert ist. Wer also sagt, ein Paradigma habe sich erschöpft, der kann nur – auf die Leistungen dieses Paradigmas aufbauend – den Blick nach vorne richten.

Deshalb steht gegenwärtig – und angesichts der Herausforderung durch die Postmoderne gilt dies erst recht! – die Frage eines Danach des pastoralpsychologischen Paradigmas weitaus dringlicher auf der Tagesordnung als die Frage nach einem Zurück hinter die Positionen der Pastoralpsychologie. Ich möchte mich dieser Frage nach einem Danach in der Weise annähern, daß ich die das Nachdenken über Seelsorge bis auf den heutigen Tag herausfordernde Fragestellung nach dem ›Bruch‹ im seelsorgerlichen Gespräch (eine Denkfigur die bekanntlich von Eduard Thur-

27. Vgl. dazu *Eduard Thurneysen,* Die Lehre von der Seelsorge, 5. Aufl., Zürich 1980, S. 114-128.

neysen stammt[27]) und nach dem Sinn meiner eigenen Rede von Eingriffs-Charakter des seelsorgerlichen Gespräches[28] aufnehme und quasi erst nach einer zweimaligen Wendung ausführlich erörtere. Oder um es in diesem Zusammenhang selbstreflexiv zu wenden: Wir werden die Frage nach den Bruch im seelsorgerlichen Gespräch unsererseits ›brechen‹ müssen, um sie produktiv stellen zu können.

Die Frage nach dem ›Bruch‹ im seelsorgerlichen Gespräch kann natürlich im Kontext des pastoralpsychologischen Paradigmas erörtert werden, und dies ist auch geschehen. Im Seelsorger als Anwalt des Bruches hat man dann den autoritären Über-Vater gesehen, der lenkend und souverän, quasi als maitre et possesseur der diskursiven Grundlinien, ein gleichberechtigtes Gespräch eher hindere als fördere. Gegen eine solche Gesprächsführung wurde dann – nicht zuletzt unter Aufnahme von Carl Rogers – die Gesprächsmethodik einer annehmenden Seelsorge erarbeitet und ins Feld geführt. Dabei geraten natürlich die Gefahren und Abgründe der Rede Thurneysens vom Bruch im seelsorgerlichen Gespräch in den Blick. Die positiven Intentionen, die Thurneysen damit verfolgt, erscheinen in dieser Kritik jedoch merkwürdig verzerrt und insoweit auch bis auf den heutigen Tag unabgegolten.

Deshalb wende ich die Frage ein erstes Mal und rücke sie ein in den Kontext des Rufes hin zu den ›klassischen Positionen‹ der Seelsorge. Die Rede vom Bruch im seelsorgerlichen Gespräch klingt hier wie eine Befreiung aus den Untiefen pastoralpsychologischer Verflachtheit. Der Ernst der seelsorgerlichen Aufgabe als Rede von Gott scheint hier eine konkrete empirische Form gefunden zu haben, quasi als *die* klassische Sozialgestalt christlicher Seelsorge. Das Problem, das sich hier stellt, besteht aber darin, daß sich Thurneysen selbst gegen eine solche Verobjektivierung der Rede vom Bruch im seelsorgerlichen Gespräch vehement gewehrt hat. So kann er den geradezu klassischen Zeugen der Bruch-Erfahrung, nämlich Sören Kierkegaard, sehr kritisch in den Blick nehmen: »An diesem Bruch als dem Zeichen, an dem die Realität des christlichen Sprechens erkannt werden kann, lag Kierkegaard alles. Vielleicht lag ihm so sehr alles daran, daß er den Zeichencharakter auch dieses Bruches zu sehr vergaß und das Zeichen zur Sache selber werden ließ. Die Sache ist das Wort Gottes. Man kann nicht zum Bruch als solchem aufrufen wollen, man kann nur zum Worte Gottes zurückrufen

28. Vgl. dazu *Albrecht Grözinger*, Differenz-Erfahrung. Seelsorge in der multikulturellen Gesellschaft, Waltrop 1994, S. 49-54

und selber zurückkehren, dann wird es auch wieder zum Zeichen dieses Bruches kommen in der Existenz. Kierkegaard hat auf seine Weise ähnlich wie der Pietismus das Anliegen dieses Bruches, das Anliegen also der Heiligung wohl allzusehr verselbständigt.«[29] Der Bruch also als objektive Sozialgestalt des seelsorgerlichen Gesprächs? Wir kommen mit Thurneysen selbst in Widerstreit, wenn wir die Rede vom Bruch derart in ein Museum ›klassischer Positionen‹ christlicher Seelsorge rücken.

Ich wende also die Frage nach dem Bruch im seelsorgerlichen Gespräch ein zweites Mal und erprobe sie an einem Verfahren, das ich insgesamt in praktisch-theologischer Hinsicht hermeneutisch immer wieder als äußerst fruchtbar erfahre. Dieses Verfahren besteht darin, überkommene praktisch-theologische Fragestellungen in unseren gegenwärtigen kulturellen Horizont einzurücken. Für mich ist das kulturell-ästhetische Paradigma praktisch-theologischer Theoriebildung nicht zuletzt angesichts der Herausforderung durch die Postmoderne verheißungsvoll. Ob es sich bewährt, wird sich jeweils im konkreten Vollzug zeigen müssen. Ich bin also weniger an einer *Methodik* der Seelsorge interessiert. Dem Problem der Methodik hat sich das pastoralpsychologische Paradigma vorbildlich gestellt. Mich interessiert vorrangig die Frage nach einer relevanten *Kultur der Seelsorge* unter den Bedingungen der Postmoderne.

Auch dieses Vorgehen kann in unserem Zusammenhang selbstreflexiv gewendet werden. Indem ich die Rede Thurneysens vom Bruch im seelsorgerlichen Gespräch in den Kontext unserer Conditio postmoderna einrücke. Das heißt, ich stelle einen Textkörper in einen anderen Interpretationszusammenhang als den Zusammenhang seiner Entstehung. Dies stellt einen Eingriff dar. Ich wiederhole Thurneysen nicht, sondern rücke ihn in ein bestimmtes Licht. In diesem Licht beginnt er aufs neue zu sprechen.

II.

Welche Konsequenzen ergeben sich aus der Conditio postmoderna mit der Individualisierung der Lebenswelten, dem Ende der großen Erzählungen und dem Zwang zur Erfindung des eigenen Lebens für das seelsorgerliche Gespräch? In der Annäherung an die Beantwortung dieser

29. A.a.O., S. 128.

Frage ergibt sich eine erhellende Re-Lecture der Überlegungen Eduard Thurneysens zur Seelsorge und insbesondere der von ihm entwickelten Denkfigur des Bruches. Es scheinen dort Perspektiven auf, die im pastoralpsychologischen Paradigma notorisch unterbelichtet blieben, wahrscheinlich unterbelichtet bleiben müssen. Gleichwohl bleibt die spannende Frage, ob auch das pastoralpsychologische Paradigma nach dieser Re-lecture Thurneysens nicht seinerseits neu zu sprechen beginnt. Bis zum Erweis des Gegenteils halte ich das ästhetisch-kulturelle Paradigma und das pastoralpsychologische Paradigma der Seelsorge für keine Gegensätze. Beide Paradigmen sind für mich konstellationsfähig. Wahrscheinlich gewinnen sie ihre je eigene Leuchtkraft erst in ihrer spannungsreichen Beziehungskonstellation.

Die Conditio postmoderna stellt uns den Menschen als den Menschen in, mit und unter Brüchen vor Augen. Dies muß dann auch Konsequenzen haben für die Gestalt des seelsorgerlichen Gespräches. Thurneysen hat dies zu seiner Zeit – gewiß unter anderen Bedingungen und Vorzeichen – erkannt. Gestaltfragen waren für ihn immer Inhaltsfragen und umgekehrt. Gerade an seiner Denkfigur des Bruches macht er dies explizit deutlich. Sein Kapitel über den Bruch im seelsorgerlichen Gespräch siedelt sich genau an der Grenze von Form- und Inhaltsfrage an. Das Kapitel beginnt nach dem Leitsatz mit folgenden Worten: »Wir haben von der *Gestalt* des seelsorgerlichen Gespräch gehandelt und haben nun zu handeln von dessen *Inhalt*, der in der Ausrichtung der Vergebung der Sünden besteht. Aber vorgängig ist ein Charakteristikum des seelsorgerlichen Gesprächs zu bedenken, das halb noch die Gestalt, halb schon das Inhaltliche dieses Gesprächs betrifft. Wir sprechen von der Bruchlinie, die durch das seelsorgerliche Gespräch hindurchgeht.«[30]

In dreifacher Hinsicht sei nun die Denkfigur des Bruches in unsere Conditio postmoderna hineingespiegelt, nämlich als die Aufgabe
- Brüche wahrzunehmen,
- Brüche zu erkämpfen,
- Brüche zu erspielen.

Es ist ein weithin übersehener Tatbestand, daß Thurneysen die seelsorgerliche Aufgabe vornehmlich als ein *Wahrnehmungs-Geschehen* begreift. Die Denkfigur des Bruches zielt zunächst einmal schlicht auf eine

30. *Thurneysen,* a.a.O., S. 114.

Perspektivierung unserer Wahrnehmung: »Weil das Seelsorgegespräch das ganze Feld des menschlichen Lebens mit allen darin wirksamen psychologischen, weltanschaulichen, soziologischen und moralischen Deutungen und Beurteilungen dem Urteile des Wortes Gottes unterstellt, darum geht durch das ganze Gespräch eine Bruchlinie, die anzeigt, daß das menschliche Verhalten hier zwar nicht außer Kraft gesetzt, aber daß es in seiner Vorläufigkeit erkannt ist.«[31]

Wenn der Theoretiker der Postmoderne, Wolfgang Welsch, vom ›schwachen Subjekt‹ spricht, das seine Rolle als Herrscher und Meister des eigenen Lebens hinter sich zu lassen habe (vgl. dazu oben unter 1.4), dann steht er hier genau in der gedanklichen Fluchtlinie die Thurneysen vorgezeichnet hat. Allerdings unterscheiden sich Welsch und Thurneysen darin, daß bei Thurneysen das ›schwache Subjekt‹ sich nicht aus sich selbst heraus erkennt, sondern daß dieses ›schwache Subjekt‹ erst aus dem Blickwinkel Gottes heraus erkennbar wird. Diese Differenz ist im übrigen ein bleibend wichtiger Punkt der Unterscheidung zwischen allen respektablen Formen säkularer Seelsorge und christlicher Seelsorge. In dieser Perspektivierung auf den Blickwinkel Gottes gewinnt die christliche Seelsorge ihre Besonderheit – und durch nichts anderes. Deshalb muß die christliche Seelsorge auch in keine Konkurrenz zu den respektablen Formen säkularer Seelsorge treten, sie kann diese – wie uns das pastoralpsychologische Paradigma ja eindrücklich vorgeführt hat – sogar in ihre eigenen Bemühungen integrieren. In der christlichen Seelsorge geht es um die Wahrnehmung all der Brüche und Differenzen, die unser menschliches Leben kennzeichnen, wobei sich diese Brüche und Differenzen unter den Bedingungen der Postmoderne verstärken. Zugleich werden diese Brüche und Differenzen noch einmal unüberbietbar kenntlich im Lichte jener heilsamen Differenz, die in der Unterscheidung von Gott und Mensch markiert ist. Diese Erkenntnis ist das bleibende Recht der sogenannten Dialektischen Theologie, die gerade unter der Conditio postmoderna neue Bedeutung gewinnen kann.

Die Moderne hat den Menschen unter einen ungeheueren Identitätsdruck gestellt, der schließlich zum Bann eines allumfassenden Identitätszwanges wird. Das ganze philosophische Werk Theodor W. Adornos läßt sich etwa als Einspruch gegen diesen Identitätszwang entschlüsseln. Auch

31. A.a.O., S. 114.

die Postmoderne arbeitet sich mit ihrem Einspruch gegen die Groß-Erzählungen auf ihre Weise an diesem Identitätszwang ab. Deshalb müssen die heilsamen Brüche immer auch *erkämpft* werden. Der Identitätszwang ist ja mit der Postmoderne nicht einfach verschwunden, sondern – weil subtiler – noch zwingender am Werk. So hat etwa Pier Paolo Pasolini den ›Konsumismus‹ als eine solch subtile Form des Identitätszwanges zu begreifen versucht.[32] Seine Analysen, die bis in die 60er-Jahre unseres Jahrhunderts zurückreichen, haben seit dem weltweiten Wendejahr 1989 eher noch an Brisanz gewonnen als verloren.

Vor diesem Hintergrund gewinnt Thurneysen Rede vom seelsorgerlichen Gespräch als ›Kampfgespräch‹[33] neue Kontur, eine Formulierung die ja für viele seiner Kritiker zu bellizistisch klingt. Es geht im seelsorgerlichen Gespräch um die Unterscheidung von destruktiven und heilsamen Brüchen, um die Unterscheidung von erzwungener Identität und ›Identität‹ in Freiheit. Gerade die Menschen in der Postmoderne müssen in dieser Kunst des Unterscheidens geübt sein. Hier kann christliche Seelsorge eine innovatorische Koalition mit dem postmodernen Einspruch gegen die Groß-Erzählungen eingehen.

Ich möchte dies an einem konkreten Beispiel verdeutlichen. Viele Frauen stehen heute der Groß-Erzählung ›Christentum‹ mit nicht unerheblichen Reserven gegenüber. Dies ist vor dem Hintergrund all dessen, was diese Groß-Erzählung den Frauen an Kränkungen von den Hexenprozessen bis hin zu diskrimierenden Rollenzuweisungen angetan hat, nur allzu verständlich. Und gegenwärtig wird ja etwa im Vatikan und in fundamentalistischen christlichen Gruppen an dieser Groß-Erzählung munter weitergeschrieben. Mir ist in meiner pfarramtlichen Praxis in vielen Gesprächen, gerade auch explizit seelsorgerlichen Gesprächen, deutlich geworden, daß sich diese Groß-Erzählung vor ihrem geschichtlichen Hintergrund gegenüber dem Einspruch der Frauen redlicherweise nicht mehr apologetisch vertreten läßt. Damit stehen wir vor einer entscheidenden Weichenstellung. Entweder wir können eine Alternative zu dieser Groß-Erzählung benennen, die sich auch im Haus der Kirche entfalten läßt, oder Frauen werden in einem noch größeren Ausmaß, als dies ohnehin bereits der Fall ist, der Kirche den Rücken kehren.

32. Vgl. dazu *Pier Paolo Pasolini,* Freibeuterschriften. Die Zerstörung der Kultur des Einzelnen durch die Konsumgesellschaft, Berlin 1978.

33. *Thurneysen,* a.a.O., S. 114.

Gibt es diese Alternative? Eine solche Alternative besteht für mich in einem Perspektivwechsel von der Groß-Erzählung ›Christentum‹ hin zu den kleinen Stories. Auch das seelsorgerliche Gespräch wird sich weniger an den Vorgaben der Groß-Erzählung als an den kleinen Stories zu orientieren haben. In dieser Hinsicht können wir für die seelsorgerliche Gesprächsführung vom hermeneutischen Vorgehen der Feministischen Theologie lernen. Die Feministische Theologie hat uns ja in den letzten beiden Jahrzehnten die biblische Texte in vielfacher Hinsicht in neuen Perspektiven erschlossen. Ihr interpretatorisches Vorgehen ist weniger an der Groß-Erzählung ›Christentum‹ orientiert, die ja mit guten Gründen kritisch im Blick ist, sondern an den kleinen Erzählungen vor ihrer Integration in die Groß-Erzählung.[34] Texte werden gleichsam gegen den Strich gebürstet und so durchaus authentisch interpretiert. Texte werden befreit von ihrer Überformung und so immer auch Verformung durch die Groß-Erzählungen. Es wird geforscht nach dem Unausgesprochenen, dem Unterdückten, dem zwischen den Zeilen Gesagten der Groß-Erzählungen. Es handelt sich um eine ›Hermeneutik des Eingriffs‹, die sich den Texten nicht einfach anverwandelt, sondern diese in Dekonstruktion verwandelt. Eine solche Hermeneutik kann auch das seelsorgerliche Gespräch bestimmen, nicht zuletzt für die Frage, wie biblische Texte ins seelsorgerliche Gespräch einbezogen werden können.

Eduard Thurneysen war in seinem Verständnis der Seelsorge, nicht zuletzt in der Sprache seiner Veröffentlichungen zur Seelsorge, sicher noch primär, wenn auch nicht ungebrochen, an der Groß-Erzählung ›Christentum‹ orientiert. Gleichwohl erinnert seine Rede vom ›Bruch‹ daran, daß auch diese Groß-Erzählung nicht der letzte Sinnhorizont ist, an dem sich Seelsorge zu orientieren hat, sondern daß dieser letzte Sinnhorizont das sich aller groß-erzählerischen Vereinnahmung immer wieder entziehende Wort Gottes selbst ist. Und es kennzeichnet den Rang der Seelsorgetheorie Thurneysens, daß er das wirkliche Gespräch als den einzigen Raum sieht, in dem Menschen sich von dieser groß-erzählerischen Vereinnahmung befreien können. Gerade die Bruch-Linien im Seelsorgegespräch erfordern ein *wirkliches* Gespräch. Nicht Joachim Scharfen-

34. Es sei ausdrücklich bemerkt, daß diese Perspektive zwar die Frage nach dem Entstehen und der Geltung des biblischen Kanons berührt, jedoch nicht mit ihr identisch ist. Eher ergeben sich direkte Berühungslinien mit dem reformatorischen Interesse an der Lebendigkeit, der Lebensfreundlichkeit und der Lebensdienlichkeit des Wortes Gottes (vgl. dazu auch das Kapitel 1.3).

berg, sondern Eduard Thurneysen ist in unserem Jahrhundert der erste große Theoretiker von ›Seelsorge als Gespräch‹: »Es darf nicht geschehen, daß uns der Bruch, die Entscheidung, auf die hin wir unser Gespräch zu führen haben, zu einem doktrinären Vorhaben werden, welches wir, kaum ins Gespräch eingetreten, abrupt und unvermittelt zur Ausführung bringen. So entsteht gar kein wirkliches Gespräch, sondern nur ein Scheingespräch, bei dem wir den Nächsten gar nicht richtig anhören, sondern ihn sofort mit der vermeintlich liniengeraden und radikal ausgerichteten ›Botschaft‹ überfallen. Er ist uns dann gar nicht zum Nächsten geworden, um den wir uns annehmen, an dessen Ort wir hintreten, um mit ihm zusammen unter Gottes Wort zu kommen, sondern er ist für uns das Objekt einer ›Missionierung‹, die in keiner Weise wirksam werden kann, weil sie nicht aus einer aufrichtigen Begegnung herauswächst. Das darf nicht geschehen. Es darf nicht zu einer jener geistlichen Anrempelungen unseres Gesprächspartners kommen, wie sie eine gewisse, sich fälschlicherweise als besonders ›evangelistisch‹ ausgebende Seelsorge als höchste Weisheit anpreist.«[35]

Geraten wir damit nicht in einen Widerspruch? Mit der Forderung nach einem wirklichen Gespräch und dem Festhalten daran, daß gerade in diesem wirklichen Gespräch heilsame Bruch-Linien ›erkämpft‹ werden müssen? Wir kennen sie ja nur allzu gut die verheerenden kriegerischen Kämpfe, die im Kleinen und im Großen Lebensgeschichten verwüsten und zerstören. Und unter den Bedingungen der Postmoderne werden diese Kämpfe an Zahl und Heftigkeit eher zunehmen als abnehmen.

Es gibt aber auch jene spielerischen Kämpfe, in denen wir unsere Kräfte und Grenzen erproben und neue Lebensräume erschließen. Hier eröffnet die Postmoderne ein weit größeres ›Spielfeld‹, als dies in einer traditionalen Gesellschaft oder unter den Bedingungen der klassischen Moderne der Fall war. In diesem zweiten Sinn nur kann Seelsorge ein Kampf-Geschehen sein. Die Bruch-Linien im seelsorgerlichen Gespräch müssen deshalb stets auch *erspielt* werden. Bekanntlich schließen sich Spiel und Ernsthaftigkeit gerade nicht aus, sondern sind mittels eines zarten Bandes miteinander verknüpft. Die Humanität des seelsorgerlichen Gesprächs besteht darin, dieses zarte Band nicht zerreißen zu lassen.

35. A.a.O., S. 120f.

Der Mensch in der Postmoderne ist der Mensch, der in Übergängen geübt sein muß. Wolfgang Welsch hat in diesem Zusammenhang von der notwendigen Fähigkeit gesprochen, »zwischen verschiedenen Sinnsystemen und Realitätskonstellationen übergehen zu können«[36]. Seelsorge steht damit vor der Aufgabe zur *transversalen Seelsorge* zu werden, also zu einer Seelsorge, die den Umgang mit solchen notwendigen Übergängen einübt. Bereits Eduard Thurneysen hat erkannt, daß ein Seelsorgegespräch im Grunde sich nicht an einem Ort, sondern an mehreren Orten abspielt. Seelsorgerliches Verstehen ist für ihn *multilocal* strukturiert ist: »Wir haben dieses Verstehen charakterisiert als ein Zuhören, aber ein höchst aktives Zuhören, ein Zuhören, das, weil es vom Worte Gottes herkommt, den Willen zum Ausrichten seiner Botschaft, zum Hineintragen ihrer Wahrheit in das Leben des Menschen in sich schließt. Verstehen heißt nun aber, so aufgefaßt, nichts anderes als die Ausführung jener doppelten Bewegung des Hintretens, Hinstehens an den Ort des Nächsten, aber so, daß man von einem ganz andern Orte herkommt und in der Kraft dieses andern Ortes seinem Nächsten an seinem Orte helfen will. Man hilft im seelsorgerlichen Gespräch seinem Nächsten damit, daß man ihn ganz *auf*nimmt in seiner ihm eigenen Lebenslage, aber ihn auch ganz *mit*nimmt hinein in das Licht und die Kraft jenes andern Ortes ...«[37]

Dieses Aufnehmen und Mitnehmen kann sich aber nicht anders vollziehen als in einer spielerischen Erkundung all der Bruch-Linien, die unsere Lebensgeschichte bestimmen. Die Partner und Partnerinnen im seelsorgerlichen Gespräch werden so zu wechselseitigen Geschichtenerzählern. In den Brüchen dieser wechselseitig erzählten Geschichten werden dann immer auch Auf-Brüche erkennbar werden, jene heilsamen Bruch-Linien, die neue Wege weisen können. Thurneysen spricht von solchen Momenten als einem Eintreten in die »freie Luft«[38] einer Gegenwart Gottes, die nicht unter einen neuen Identitätszwang stellt: »Der Bruch im seelsorgerlichen Gespräch wird so zur Türe, die in ein neues Leben hineinführt.«[39]

36. *Welsch,* a.a.O., S. 317.
37. *Thurneysen,* a.a.O., S. 115.
38. A.a.O., S. 119.
39. A.a.O., S. 128.

3.3 Möglichkeiten diakonischen Handelns: Lesen – Erzählen – Erinnern

Wer über das Besondere christlicher Diakonie unter den Bedingungen der Postmoderne Rechenschaft ablegen will, steht immer in einer bestimmten Versuchung. Diese Versuchung besteht darin, in einer Situation des radikalen Pluralismus und der damit gesetzten Konkurrenz das Besondere christlicher Diakonie in der Art und Weise zu profilieren, daß andere Anbieter auf dem Markt der sozialen und karitativen Dienstleistungen disqualifiziert werden. Christliche Apologetik ist leider nur allzu oft so verfahren. Der, die oder das ›Andere‹ wurde dann nur zur negativen Folie, vor der sich das Eigene umso strahlender abhob. Wer so über die christliche Diakonie redet, tut ihr keinen Gefallen. Im Gegenteil: Er macht sie nur schlecht. Zudem mindert eine solche disqualifizierende Apologetik die Attraktivität diakonischen Handelns, denn die Menschen haben ein sensibles Gespür dafür entwickelt, wo sich einzelne Menschen oder Gruppen auf Kosten anderer zu profilieren versuchen, und wählen dementsprechend aus der Vielfalt der Angebote aus.

Deshalb ist es weitaus angemessener, das Eigene christlicher Diakonie aus sich selbst heraus und ohne falsche Berührungsängste und voreilige Abgrenzungen ansichtig zu machen. Dazu gehört zunächst einmal festzustellen, daß christliche Diakonie immer auch das tut, was der gesunde Menschenverstand allüberall zu tun versucht: In der äußersten Not zu helfen, vor Panik-Reaktionen zu bewahren, tastende Schritte eines schwierigen Weges mit einem anderen Menschen mitzugehen. Christliche Diakonie findet sich hier an der Seite von Menschen, die aus ganz anderen Motivationen heraus zu ähnlichen Verhaltensweisen kommen. Christliche Diakonie hat nicht den Königsweg der Krisenbegleitung und sollte diesen Anspruch auch nicht erheben. Dies wird auch in der Postmoderne so sein. Gleichwohl gibt es natürlich ein solches Besonderes der christlichen Diakonie, sonst bräuchten wir von *christlicher* Diakonie gar nicht zu sprechen.

Das Besondere der christlichen Diakonie und so auch das Besondere ihrer Krisenbegleitung rührt daher, daß sie sich einer bestimmten Geschichte verpflichtet fühlt. Diese bestimmte Geschichte ist die Geschichte Gottes mit den Menschen, wie sie in der Geschichte Gottes mit Israel und in der Person Jesu von Nazareth mit der ganzen Welt konkret geworden ist. Christliche Diakonie hat – wie alles kirchliche

Handeln – einen narrativen Grundzug. Sie kommt aus einer bestimmten Geschichte her und versucht, an dieser Geschichte auf ihre spezifische Art und Weise weiterzuschreiben. Dabei gerät sie in spannende Konstellationen mit anderen Welt-Geschichten, denen sie zum Teil zustimmen kann, zum Teil widersprechen muß. Dies bestimmt die Conditio postmoderna der Diakonie. Deshalb soll im Folgenden diese ebenso spannende wie spannungsreiche Situation, in der christliche Diakonie sich in der Postmoderne immer schon vorfindet, mit drei Stichworten beschrieben werden. Es geht in der christlichen Diakonie um die *Lesbarkeit des menschlichen Lebens*, um die *Erzählbarkeit menschlicher Hoffnungen und Enttäuschungen* und um die *Erinnerbarkeit menschlicher Lebensgeschichte*.

I.

Menschen erfahren ihr Leben im Geflecht postmoderner Vielfalt und Konkurrenzen immer *mehr* als ein labyrinthisches Leben, in dem Ziele und Wege immer *weniger* erkennbar sind. Diese Entwicklung hat eine lange Vorgeschichte. Die Nötigung zur Erfindung des eigenen Lebens stellt in einen existentiellen Dauersteß, den es zu bewältigen gilt. Und nicht immer sind die Menschen diesem Streß gewachsen.

Im Jahre 1840 erscheint von dem nordamerikanischen Schriftsteller Edgar Allan Poe eine kleine Erzählung mit dem Titel ›The Man of the Crowd‹.[40] Am besten übersetzt man den Titel mit den Worten ›Der Massenmensch‹. Der Erzähler berichtet, wie er eines Tages an der Fensterfront eines Straßencafés in einer belebten Straße Londons sitzt. In der Stunde zwischen alterndem Nachmittag und einbrechender Dämmerung sind die Sinne des Erzählers auf eine besondere Weise angespannt, eingetaucht in den Alltag und in gewisser Weise aus ihm herausgehoben. Fasziniert betrachtet er das bunte Treiben der Menschen auf der Straße. Ohne sich zu bewegen hat er ein ganzes Welt-Theater vor Augen. Plötzlich fällt sein Blick auf einen bestimmten Mann, und eine ungeheuere Erregung ergreift den Erzähler. »Welch eine Geschichte«, so spricht der Erzähler zu sich, »welch eine wilde Geschichte mag in dieser Brust bewahrt liegen.« Spontan entschließt er sich, diesem Menschen zu folgen.

40. Vgl. dazu *Edgar Allan Poe,* Das gesamte Werk in zehn Bänden, Bd. 4, Olten 1966, S. 706-720.

Er folgt ihm den Abend lang, die ganze Nacht hindurch, den folgenden Tag. Sie durchstreifen alle Bezirke der Stadt, sie treffen auf Menschen aller sozialen Schichten, ohne daß sich irgend etwas Besonderes ereignete. Und doch bleibt die angespannte Faszination, die Verfolgten und Verfolger aneinander bindet. Schließlich tritt der Verfolger dem Verfolgten in den Weg. Poe schildert diesen Augenblick mit folgenden Worten: »Und als dann die Schatten des zweiten Abends kamen, war ich zu Tode müde; ich hielt an; ich trat dem Wandrer mitten in den Weg und starrte ihm beharrlich ins Gesichte. Doch er nahm keinerlei Notiz von mir, sondern schritt weiter in feierlichem Gang, indessen ich davon abstand, ihm noch fürder zu folgen, und in Gedanken versunken zurückblieb.«[41]

Im alles entscheidenden Augenblick der Begegnug im Blickkontakt geschieht also – *nichts*. Und gerade in diesem Nicht-Geschehen ist für Edgar Allan Poe die unüberbietbare Dramatik des Geschehens begründet. Es ist der Mensch im Labyrinth seiner Lebensgeschichte, der hier erkannt und nicht erkannt zugleich ist – ein Buch, das ›sich nicht lesen läßt‹. Mit diesen Worten endet die Geschichte.

Diese Geschichte erschien zum erstenmal im Jahre 1840, also vor über 150 Jahren Jahren, und doch ist bereits in ihr unsere aktuelle Erfahrung mit erzählt, wie es denn auch alles andere als ein Zufall ist, daß bei Poe bestimmte Konstellationen der literarischen Postmoderne präfiguriert sind, und nicht wenige postmoderne Autorinnen und Autoren eine besondere Affinität zu Poe entwickelt haben.

›Ein Buch, das sich nicht lesen läßt‹. Wo dieser Satz zum Haupt-Satz eines Lebens wird, ist der Mensch in eine tiefe lebensgeschichtliche Krise geraten. Und viele Menschen befinden sich heute in einer solchen Krise. Das eigene Leben wird immer weniger als lesbar und damit im Grunde als nicht lebbar erfahren, wobei die Conditio postmoderna die Menschen ständig zwingt, zu Autoren und Lesern ihrer Lebensgeschichte gleichermaßen zu werden.

Daß mit der Lesbarkeit menschlichen Lebens zugleich die Humanität menschlichen Lebens auf dem Spiel steht, davon ist bereits in der Bibel auf vielfältige Weise die Rede. Es ist alles andere als ein Zufall, daß die Metapher der Lesbarkeit des menschlichen Lebens in der biblischen Überlieferung gerade im eschatologischen Horizont eine zentrale Stellung einnimmt. Also dort, wo es um die gelingende Ganzheitlichkeit menschlichen Lebens geht.

41. A.aO., S. 719f.

Im 5. Kapitel der Johannes-Apokalypse wird in einer eindrücklichen Bildrede erzählt, wie die Gemeinde Gottes vor dem steht, der auf dem Thron sitzt und ein Buch in der Hand hält. Dieses Buch ist das Buch des Lebens. Doch keiner vermag dieses Buch zu öffnen. Angesichts dieser Szene bricht der biblische Seher in ein Weinen aus. Das geschlossene Buch, der Mensch, der sich und andere nicht mehr zu lesen vermag – dies bedeutet das Ende aller Humanität. Doch die Geschichte geht zum Glück weiter. Es ist das Lamm, allein das Lamm, das das Buch zu öffnen und zu lesen vermag.

Das menschliche Leben in der Perspektive Jesu lesen – dies ist die Aufgabe, vor der wir stehen. Wobei dieser Satz so lange ein abstraktes Postulat bleiben muß, solange er nicht die Lebenswirklichkeit von Menschen erreicht, die ihre Lebensgeschichte in der spannungsreichen Konstellation von Individualisierung der Lebenswelten, Verlust der großen Erzählungen und der Nötigung zur Erfindung des eigenen Lebens zu buchstabieren haben.

In dieser Situation des risikoreichen Buchstabierens der eigenen Lebensgeschichte hat die christliche Diakonie ihre ganz spezifische Aufgabe. Sie ist Lektürehilfe für das eigene Leben. Dies ist ein oft mühevoller Prozeß, ein Prozeß, der auch Rückschläge nicht ausschließt. Wobei diese Lese-Hilfe als Lebens-Hilfe immer wieder auch ganz praktische Züge annehmen wird (für solche konkret-helfende Praxis steht die Diakonie!): der juristische Rat, das beratende Gespräch, die finanzielle Unterstützung. Alle diese alltäglichen Hilfeleistungen, die die Diakonie vor Ort ganz praktisch leistet, sind im Grunde nichts anderes als solche Hilfen, menschliche Lebensgeschichte wieder lesbar zu machen.

Diese Lese-Hilfe, die die Diakonie leistet, kann und darf in kein hierarchisches System eingebettet sein. Und es ist ja in der Tat so, daß auch die diakonisch Handelnden selbst oft an Punkte ihres Lebens stoßen, wo sie ihr eigenes Leben kaum mehr zu entziffern vermögen. Auch die diakonisch handelnden Menschen sind Kinder der Postmoderne. Vielleicht begründet eine solche Erfahrung der Solidarität erst die eigentliche Situation der Diakonie. Menschen, die in der Diakonie arbeiten, bedürfen stets selbst der Diakonie. Dies auszusprechen schmälert nicht das, was Diakonie zu leisten vermag, sondern ist so etwas wie die Basis humaner Diakonie. Für diese Art von Ehrlichkeit steht die Diakonie gerade angesichts der Glamour-World, die uns die Massenmedien als Heilmittel gegen lebensgeschichtliche Verunsicherung vielfältig anbieten.

Die Bibel weiß von dieser besonderen Basis der Diakonie. Im 1. Petrusbrief Kapitel 2,25 ist die Rede davon, daß Jesus Christus selbst der »Hirt und Bischof unserer Seelen« sei. Vielleicht müssen Menschen gerade deshalb oft zu so ›hilflosen Helfern‹ werden, von denen Wolfgang Schmidbauer zu Recht gesprochen hat[42], weil sie immer wieder vergessen, wie sehr sie selbst der Diakonie bedürftige Menschen sind. Es ist mitnichten ein Zufall, daß in die biblische Passionsgeschichte das Bild von Jesus als dem Diakon seiner Jüngerinnen und Jünger unverbrüchlich eingezeichnet ist: Jesus wäscht ihnen die Füße, er bedient sie an seinem Tisch mit Brot und Wein. Es ist deshalb kein theologisch vermessener, sondern im Gegenteil ein ungemein entlastender Satz wenn wir sagen können, daß Jesus Christus selbst das Subjekt der Diakonie ist. Er ist der erste Diakon der Kirche. Solche alten, vielleicht sogar altmodischen (warum auch nicht?) Sätze beginnen ›postmodern‹ aufs Neue zu sprechen.

Vor diesem Hintergrund bekommt die oben gebrauchte Metapher ›Das menschliche Leben in der Perspektive Jesu lesen‹ eine ebenso konkrete wie praktische Bedeutung. Diese Metapher beschreibt nämlich nichts anderes als die Grund-Situation christlicher Diakonie: Menschen treffen in einer Situation aufeinander, in der die Lesbarkeit des menschlichen Lebens (des eigenen Lebens wie das von anderen) fragwürdig geworden ist. Diese Situation ist aber nicht dadurch gekennzeichnet, daß nur dem einen der beiden Gesprächspartner diese Lesekompetenz abhanden gekommen ist, während der andere souverän über sie verfügt. Nein, die Situation der Diakonie ist dadurch gekennzeichnet, daß Menschen sich gemeinsam daran machen, Lebensspuren zu entziffern. Ohne diesen Grundakt der Solidarität kann Diakonie nicht geschehen. Menschen in einer Krisensituation haben ein sensibles Gespür dafür, ob sie die im Kontext der Diakonie Handelnden in einer solchen Situation der Solidarität antreffen oder nicht.

Dies schließt natürlich nicht aus, daß ein gewisses methodisches Handwerkszeug bei dieser Spurensuche und Spurenentzifferung notwendig und sinnvoll ist. Wo juristischer Rat vonnöten ist, braucht es juristische Kenntnisse. Die Drogenberatung kommt ohne medizinisches Wissen und die Kunst, ein sensibles Gespräch führen zu können, nicht aus. Solidarität und Methode sind kein Gegensatz, sondern bedingen sich gegensei-

42. Vgl. dazu *Wolfgang Schmidbauer,* Hilflose Helfer. Über die seelische Problematik der helfenden Berufe, Reinbek 1977.

tig. Gelingende Diakonie vollzieht sich in der Einheit von Solidarität und Methode. Wo einer der beiden Pole fehlt, ist die Situation der Diakonie bereits verfehlt. Deshalb ist der Kirche auch dringend zu raten, für die Ausbildung und die berufliche Fortbildung der Mitarbeiterinnen und Mitarbeiter in der Diakonie das gleiche Engagement und die gleiche Sorgfalt aufzubringen wie für die Ausbildung ihrer Pfarrerinnen und Pfarrer – und dies gerade angesichts der unübersehbaren finanziellen Engpässe, in die auch die Diakonie geraten ist.

II.

Damit sind wir der Sache nach bereits beim zweiten Kennzeichen christlicher Diakonie unter den Bedingungen der Postmoderne angelangt, daß es nämlich die Diakonie stets auch mit der Erzählbarkeit von menschlichen Hoffnungen und Enttäuschungen zu tun hat. ›Wir Menschen sind immer in Geschichten verstrickt.‹ So hat es der Philosoph Wilhelm Schapp knapp und präzis formuliert. Krisen-Situationen lassen sich auch beschreiben als ein Herausfallen aus unserer Lebensgeschichte. Krisenbewältigung ist somit immer auch – wie bruchstückhaft dies auch geschehen mag – ein Wieder-Ein-Rücken in einen bestimmten lebensgeschichtlichen Horizont. Ein solches Ein-Rücken in lebensgeschichtliche Horizonte wird in der Postmoderne mit ihrem Individualisierungsschub immer schwieriger. Diese Entwicklung ist – wie schon mehrfach gezeigt – sicher nicht nur durch einen Verlust gekennzeichnet, sondern auch durch einen Gewinn. Etwa ist die Dynamik der Frauenbewegung so nur in einer Gesellschaft mit einem bestimmten Individualisierungsprofil denkbar und möglich. Gleichwohl bedeutet Individualisierung immer auch Belastung und Zumutung. Und nicht wenige Menschen sind diesen Belastungen und Zumutungen einer Gesellschaft mit einem enormen Individualisierungsdruck nicht mehr gewachsen. Dies spüren die Menschen, die in der Diakonie arbeiten, und die Menschen, die Hilfe bei der Diakonie suchen, Tag für Tag hautnah.

In einer enttraditionalisierten und individualisierten Gesellschaft hat das Erzählen von Geschichten eigentlich keinen institutionell gesicherten Ort mehr. Traditionale Gesellschaften haben mit dem Erzählen weitaus weniger Probleme. Die Hebräische Bibel berichtet uns in eindrücklicher Weise von einem solchen gesellschaftlichen Ort des Erzählens. Jedes Jahr zu Beginn der Ernte bringt der Erstgeborene einer Familie die ersten Früchte des Feldes Gott zum Opfer dar. Im Akt dieser Darbringung wir die ganze lebensgeschichtliche Abkunft des Volkes Israels erzählt: »Ein umherirrender Aramäer war mein Vater; er zog hinab mit wenig Leuten nach Ägypten, blieb dort als Fremdling und wurde dort zu einem großen, starken und zahlreichen Volk. Aber die Ägypter legten uns harte Arbeit auf. Da schrien wir zu JHWH, dem Gott unserer Väter, und JHWH erhörte uns und sah unser Elend, unsere Mühsal und Bedrückung. Und JHWH führte uns heraus aus Ägypten mit starker Hand und ausgestrecktem Arm, unter großen Schrecknissen, unter Zeichen und Wundern, und brachte uns an diesen Ort und gab uns dieses Land, das von Milch und Honig fließt« (5. Mose 26).

Das biblische Israel kannte also solche Orte lebensgeschichtlicher Vergewisserung über die Generationen hinweg. Und es ist kein Zufall, daß sich diese lebensgeschichtliche Vergewisserung bevorzugt im Medium des Erzählens vollzieht. Die nach-traditionale Gesellschaft der Postmoderne kennt immer weniger Orte solcher öffentlicher narrativer Vergewisserung unseres lebensgeschichtlichen Standortes. Und es dürfte von vornherein aussichtslos sein, solche Orte kollektiver Lebensvergewisserung künstlich zu erzeugen, wie dies etwa in allen Formen totalitärer Staaten versucht wurde und versucht wird. Dies würden die Menschen heute mit guten Gründen als Bevormundung ablehnen. Die großen Erzählungen lassen sich nicht mehr bombastisch inszenieren. Die autoritären sozialistischen Systeme sind nicht zuletzt mit daran gescheitert, daß die Menschen die öffentlichen Inszenierungen der großen Erzählungen als ideologische Konstrukte durchschaut haben.

In der Postmoderne bedarf es deshalb der ›kleinen‹ Orte des Erzählens, denn weiterhin gilt: Wir Menschen sind immer in Geschichte verstrickt. Und immer mehr Menschen fallen aus ihrer Lebensgeschichte heraus. Der in Geschichten verstrickte Mensch, der aus seinen Geschichten herausfällt, gerät in eine fundamentale Lebenskrise, die sich in Aggression oder Depression äußert. Deshalb muß die Diakonie an diesem Punkt gegensteuern. Wenn es schon keine kollektiven Orte der lebensgeschichtlichen Vergewisserung mehr gibt, dann muß die Diakonie solche ›kleinen‹ Orte narrativer Selbstvergewisserung anbieten. Diakonische Beratungsstellen benötigt unsere Gesellschaft dringender denn je.

An den ›kleinen‹ Orten des Erzählens, die christliche Diakonie zur Verfügung stellen sollte, kann Leben so zur Sprache kommen, daß es aufs neue möglich wird, in das eigene Leben heim-zukehren, ohne sich irgendwelchen großen Erzählungen zu verschreiben. Dies mag ein langer und oft mühevoller Prozeß sein. Die Erfolge der Diakonie fallen nicht von Himmel, und oft werden wir auch mit unserem Scheitern leben müssen. Das Gelingen eines diakonischen Beratungsgespräches wird aber immer auch einen Sprach-Gewinn bedeuten, in dem das eigene Leben in all seiner Fragmentarität, mit seinen Rissen und Brüchen aufs neue erzählbar wird.

Auf die immense politisch-gesellschaftliche Bedeutung solchen Sprachgewinns in der Postmoderne hat Ulrich Beck hingewiesen: »Sprache schöpft, gestaltet Wirklichkeit. Wörter, Sätze bilden das Material, aus dem diejenigen Selbstverständlichkeiten gemacht sind, die sowohl das Wissen der Welt als auch das Handeln in ihr ein- und ausrichten ... Der Satz-Bauer modelliert Selbstverständlichkeiten, die ihre Magie, ihre anstiftende und ansteckende Wirkung eben diesem seltsamen Bazillus des Selbstverständlichen verdanken, die aber gerade deswegen ihre Herkunft aus dem Sprachlabor ins Unkenntliche zurücknehmen. Sprachpolitik ist Metapolitik als Nichtpolitik. Durch Sprachgestaltung werden die Weichen des Denkens und Handelns im unsichtbaren Material des Selbstverständlichen gestellt.«[43]

Die Attraktivität diakonischer Angebote steht und fällt damit, daß die Diakonie von vielen Menschen als ein solcher Ort erfahren wird, wo einem der Sprachgewinn und die konkrete Hilfe zuteil werden, die es dann aufs neue ermöglichen, mit anderen Menschen über das eigene Leben zu sprechen. Eine Gesellschaft, die solche Orte nicht kennt, müßte menschlich hoffnungslos verarmen.

Der Seher in der Johannes-Apokalpyse weinte über dem geschlossenen Buch des Lebens. Ein Leben, das nicht erzählt werden kann, ist ein beschädigtes Leben. Wir alle leben in gewisser Hinsicht solche beschädigte Leben. Diakonie möchte in dieser Situation der Beschädigung die Menschen nicht allein lassen. Heilende Geschichten sind heute mehr denn je vonnöten. Wobei in der Postmoderne heilende Geschichten nur solche Geschichten sein können, die von der Bruchstückhaftigkeit der menschlichen Lebensgeschichte wissen. Nur wer selbst von Verwundungen weiß, kann heilen.

43. *Ulrich Beck (Hg.),* Kinder der Freiheit, Frankfurt 1997, S. 377.

III.

Schließlich hat es christliche Diakonie in der Postmoderne mit der Erinnerbarkeit menschlicher Lebensgeschichte zu tun. Was ist damit gemeint? Wir Menschen sind immer mehr als das, was wir in unsrer Lebensgeschichte positiv zu realisieren vermögen. Zugespitzt könnte man sagen: Der Mensch ist mehr, als er ›ist‹. Zu unserer Lebensgeschichte gehören auch unsere Niederlagen, unsere eben nicht realisierten Möglichkeiten. Leben ist immer auch nicht gelebtes Leben. Wo sich der Horizont eines Menschen derart einengt, daß er nur das zu seinem Leben rechnen kann, was als positive Möglichkeit auch realisiert wird, können verpaßte Gelegenheit leicht in eine fundamentale Krise führen. Und es sei auch gar nicht bestritten, daß solche Krisen von der Diakonie sehr ernst zu nehmen sind.

Allerdings darf sich christliche Diakonie eben nicht im Binnenhorizont des geschlossenen Zirkels ›Der Mensch ist das, was er faktisch zu realisieren vermag‹ ansiedeln. Ein solch geschlossener Zirkel wird zu einem krisenhaften Teufelskreis. Verstärkt wird dieser Teufelskreis oft noch dadurch, daß Menschen heute mit Anforderungen konfrontiert werden, die überfordern müssen. Schule, Arbeitswelt oder Verlust der Arbeitsstelle, Leitbilder der Werbung sind Lebenshorizonte, die leicht zu solchen Teufelskreisen werden können. Menschen lernen heute schon von klein auf eine Grammatik der Leistung, eine Grammatik der Konkurrenz, eine Grammatik des Fit-Seins. Innerhalb dieser erlernten Grammatiken wird dann versucht, Lebensgeschichte zu gestalten. Niederlagen, Krisen, Gefährdungen haben in diesen Grammatiken aber keinen Platz. Die Menschen werden so zu Analphabeten, die weite Teile ihres realen Lebens nicht mehr zu lesen vermögen. Ein solch lebensgeschichtliches Analphabetentum ist angesichts der Nötigung zur Erfindung der eigenen Lebensgeschichte jedoch buchstäblich todbringend.

An dieser Stelle kann die christliche Diakonie eine wichtige Perspektive biblischer Anthropologie ins Spiel bringen. Die Bibel weiß, daß sich die Wirklichkeit des Menschen stets im Möglichkeitshorizont Gottes ansiedelt. In einer solchen Perspektive ist der Mensch stets mehr als das, was er in seinem Leben zu realisieren vermag. Es gibt kein verlorenes Leben, wie fragmentarisch ein solches Leben auch sein mag. Der Verlust der großen Erzählungen bedeutet nicht den Verlust lebensgeschichtlicher Zukunft. Daraus darf nun sicher keine vorschnelle und vordergründige Vertröstung der Menschen abgeleitet werden. Reale Ängste und Trauer sind so ernst wie nur möglich zu nehmen. Vorlautes Darüber-Hinweg-Reden ist hier immer nur Verrat.

Aber im Möglichkeitshorizont Gottes kann eine andere Sprache Laut bekommen. Es ist das ›Gedenken Gottes‹, in dem gemäß der biblischen Sprache und Überlieferung menschliches Leben aufgehoben ist. In der Situation der Krise hat der deutsch-jüdische Philosoph Walter Benjamin, der sich auf der Flucht vor der Gestapo an der Spanischen Grenze das Leben nahm, daran erinnert, daß es das Gedenken ist, welches »das Leid zu einem unabgeschlossenen« mache.[44] Unsere Niederlagen, unsere Krisen, das Abgebrochene unseres Lebens wird von Gott mittels einer Grammatik der liebenden Erinnerung gelesen und so offen gehalten. Theologisch ganz traditionell gesprochen ist dies der Gedanke des jüngsten Tages, an dem alles menschliche Leben in seinen Möglichkeiten offenbar wird. Ich denke, daß christliche Diakonie ohne den Gedanken eines solchen jüngsten Tages nichts auskommen kann. Auf ihn vertrauend können wir uns selbst einüben in eine solche Grammatik der liebenden Erinnerung. Gerade das so ›altmodisch‹ wirkende Bild des jüngsten Gerichts entwickelt ›postmodern‹ neue Lebensperspektiven. Wo wir dieses Bild nicht mehr mit fundamentalistisch erhobenen Zeigefinger entziffern, vermag es die oben genannte Dialektik von Tradition und Revolte (vgl. dazu oben unter 2.3) lebendig zu vergegenwärtigen.

Wo sich christliche Diakonie – sicher ›postmodern‹ gebrochen! – in ihrem Handeln auf dieses Bild bezieht, wird sie angesichts gegenwärtiger Tendenzen in unserer Gesellschaft ganz unmittelbar politisch. Es ist kein Zufall, daß Gottes liebendes Eingedenken in der Bibel an erster Stelle den Opfern in der Geschichte gilt, denen, die unter die Räder gekommen sind. Was heißt dies in einer Zeit, in der in der sozialphilosophischen Diskussion menschliches Leben wieder nach seiner Bedeutung gewichtet wird, wieder eingeteilt wird in wertvolles und nicht so wertvolles Leben? Was heißt dies, angesichts der Tatsache, daß die sozial Schwachen sich immer mehr an den Rand der Gesellschaft gedrängt sehen?

Hier hat die Diakonie ihren unverwechselbaren Ort. Diakonie ist die tätige Erinnerung an die Option Gottes für die Schwachen in einer Gesellschaft. Wo die Diakonie diesem Auftrag treu bleibt, ist sie die sichtbare Erinnerung daran, was jeder Gesellschaft an Humanität aufgetra-

44. Vgl. dazu *Walter Benjamin,* Gesammelte Werke V/I: Das Passagen-Werk, Frankfurt 1982, S. 589.

gen ist. Der große Theologe unseres Jahrhunderts, Karl Barth, hat gerade in seinen letzten Lebensjahren die Kirche und die Theologie immer wieder nachdrücklich daran erinnert, daß ihr an erster Stelle aufgetragen ist, die Menschlichkeit Gottes zu bezeugen. Deshalb bedarf sowohl die Kirche wie auch die Gesellschaft der Diakonie.

Denn die Diakonie folgt den Spuren des liebenden Eingedenkens des menschenfreundlichen Gottes. Sie tut dies, indem sie den Bedürftigen an die Seite tritt. Indem sie lebensgeschichtliche Niederlagen nicht einfach hinnimmt und so dem Vergessen anheim fallen läßt. Sondern indem sie stets aufs Neue ein Leben ermöglicht und so die Grammatik der liebenden Erinnerung mit konkretem Leben erfüllt. Ohne eine solche Grammatik der liebenden Erinnerung geriete die Postmoderne immer wieder in die Gefahr, sich inmitten des turbulenten ›anything goes‹ in einem kaum wahrgenommenen und gerade deshalb so inhumanen Vergessen zu verlieren.

4. Ausblick

Das Amt der Erinnerung – Überlegungen zum künftigen Profil des Berufs der Pfarrerinnen und Pfarrer

Es lohnt sich, im Umfeld der herausgehobenen kirchlichen Feiertage wie Weihnachten oder Ostern in die Leitartikel und Feuilletons der großen überregionalen Zeitungen zu blicken. Wir bekommen dort einen unverstellten Einblick in eine wichtige außenperspektivische Wahrnehmung von Theologie und Kirche, die den binnenperspektivischen Blick der verschiedenen kirchlichen und theologischen Milieus zu erweitern, zu ergänzen und zu korrigieren vermag. Wenn Theologie und Kirche sich nur von ihrer binnenperspektivischen Wahrnehmung leiten lassen, ist von vornherein die Gefahr einer milieubedingten Verengung ihrer Wahrnehmung und Praxis gegeben. Eine solche milieubedingte Verengung der Wahrnehmung und Praxis jedoch können sich Theologie und Kirche angesichts des postmodernen Pluralismus kaum mehr leisten oder doch nur um den Preis eines weiter dramatisch fortschreitenden Plausibilitätsverlustes.

Besonders aufschlußreich war die außenperspektivische Wahrnehmung von Kirche und Theologie an der Schwelle vom Jahr 1995 zum Jahr 1996. Das Jahr 1995 war durch das sogenannte Kruzifix-Urteil des Bundesverfassungsgerichts und die Abschaffung des Buß- und Bettages als gesetzlich geschütztem arbeitsfreien Tag ein Jahr, in dem die Frage nach der gesellschaftlichen Stellung von Kirche und Religion ein herausragendes öffentliches Thema war. Wahrscheinlich gab es bisher kein anderes Jahr in der Geschichte der Bundesrepublik Deutschland, in dem derart kontrovers und breitenwirksam Religion und Kirche thematisiert wurden. Mitten im postmodernen ›anything goes‹ meldete sich da das Thema ›Religion‹ als ein Thema zu Wort, an dem sich die Geister scheiden, man hatte geradezu den Eindruck: scheiden müssen. Das Kreuz Jesu ist offensichtlich auch in der Postmoderne eine ebenso sperrige wie provozierende Erinnerung.

Exemplarisch für die außenperspektivische Wahrnehmung von Kirche im Kontext der Debatte um das Kruzifix-Urteil und den Buß- und

Bettag ist ein Leitartikel in der ›Frankfurter Allgemeinen Zeitung‹ vom 29.12.1995 mit der Überschrift »Was von der Kirche erwartet wird«, den Heike Schmoll verfaßt hat. Dieser Artikel hätte genauso gut in der der ›Süddeutschen Zeitung‹, der ,›Frankfurter Rundschau‹ oder auch der ›Zeit‹ erscheinen können. Es ist frappierend zu sehen, wie über die sonstigen Unterschiede in der politischen Grundorientierung hinweg die weihnachtlichen Leitartikel der großen überregionalen Zeitungen sich in ihrem Grundtenor immer wieder ähnlich sind.

Heike Schmoll konstatiert – wohl nicht zu Unrecht – ein notorisches Öffentlichkeitsdefizit des deutschen Protestantismus. Und so beginnt ihr Leitartikel denn auch mit folgenden Worten: »Es erstaunt nicht, daß die protestantische Kirche auch in einer Zeit, die sich viel mit religiösen Dingen beschäftigt, kaum von sich reden macht. Denn nichts scheint weniger im Mittelpunkt des kirchlichen Interesses zu stehen als die religiösen Bedürfnisse der Kirchenmitglieder oder derer, die es einmal waren. Die Kirche will nicht zu einem Dienstleistungsbetrieb für die Begleitung wichtiger Lebensereignisse oder zum Servicebetrieb für die letzten Fragen werden. Das war vor kurzem auch von Bischöfen wieder zu hören.«[1] Es kennzeichnet nun den intellektuellen Rang der Argumentation von Heike Schmoll, daß sie sich mit der Proklamation eines Gegensatz von Bedürfnisorientierung und Auftrag der Kirche nicht zufrieden gibt. Ihr Leitartikel wird dadurch zu einem praktisch-theologischen Kabinettstück, daß sie zeigt, wie Bedürfnisorientierung und das, was wir den ›Auftrag der Kirche‹ nennen mögen, in ihrer Tiefenstruktur verschmelzen: »Die Kirche muß mehr als bisher dafür tun, daß individuelle Wertvorstellungen und unterschiedliche Formen der Frömmigkeit Raum haben. Im Unterschied zu früheren Zeiten wird sie dies nicht mit unangefochtener moralischer Autorität tun können. Und das ist gut so. Sie wird sich nämlich nur dann in der Konkurrenz der Sinndeuter behaupten, wenn sich ihre biblisch begründeten Antworten als tauglich für die Moderne erweisen.«[2] Damit ist die konkrete Aufgabe gestellt, vor der die Kirche steht, nämlich in ihrer Praxis die Tauglichkeit (und dies ist weit mehr als nur ein pragmatischer Begriff) der biblischen Tradition inmitten der postmodernen Vielfalt der Weltanschauungen und religiösen Orientierungen Tag für Tag aufs neue den Menschen plausibel zu machen.

1. *Heike Schmoll,* Was von der Kirche erwartet wird, in: Frankfurter Allgemeine Zeitung vom 29.12.1995.
2. Ebd.

Dies wird nur möglich sein, wenn die Pfarrerinnen und Pfarrer für diese Aufgabe gerüstet und zugleich bereit sind, diese Aufgabe ohne innere Vorbehalte anzunehmen. Nicht von ungefähr mündet die Argumentation des Leitartikels aus in die Zeichnung eines klaren Profiles des Amtes der Pfarrerin und des Pfarrers. Die Pfarrerinnen und Pfarrer benötigen – so Heike Schmoll – »neben einer fundierten theologischen Kompetenz auch ein hohes Maß an Allgemeinbildung. Denn in einer spezialisierten Gesellschaft steigen die Anforderungen an die allgemeinverständliche Weitergabe des Christlichen. Wenn sich die erschreckende Tendenz fortsetzt, daß mangelnde Bildung zuweilen als theologische Stärke angesehen wird, wird es nicht gelingen, zumindest einen Grundbestand an christlichem Wissen zu sichern.«[3]

Dieses notwendige Profil des Berufes der Pfarrerin und des Pfarrers wird unter den Bedingungen der Postmoderne am besten erkennbar – das ist meine These –, wenn wir dieses Amt als *Amt der Erinnerung* begreifen. In einem solchen Amt der Erinnerung konvergieren, wie ich in den verschiedenen Kapiteln dieses Buches immer wieder zu zeigen versuchte, gegenwärtige gesellschaftliche Notwendigkeiten, theologisch-biblische Perspektiven sowie die konkreten Anforderungen an das Profil der pfarramtlichen Praxis.

Die Aussage, daß die Kirche sich gegenwärtig mit krisenhaften Phänomenen auseinanderzusetzen hat, ist sowohl im innerkirchlichen Diskurs wie auch in ihrer massenmedial verbreiteten Gestalt beinahe schon eine Platitüde. Die Kirche erscheint als *die* in die Krise geratene Institution par excellence. Gleichwohl bekommen wir den Kern der kirchlichen Krisenphänomene nur verkürzt in den Blick, wenn wir sie isoliert betrachten. Die Kirche ist mit ihren Krisenphänomenen eingebunden in einen umfassenden kulturellen Strukturwandel, für den der Begriff der Postmoderne steht und der diese Krisenphänomene sowohl entbindet wie auch zugleich den Rahmen dafür darstellt, innerhalb dessen sinnvoll nach der Überwindung dieser Krisenphänomene gefragt werden kann. In diesem Sinne versteht sich mein Plädoyer für das Pfarramt als Amt der Erinnerung als eine auf einen konkreten Problemhorizont bezogene Antwort auf die Krise, in die der Prozeß der Traditionsbildung und Traditionsvermittlung in der Postmoderne geraten mußte.

3. Ebd.

Gerade in dieser Krise, die die Herausforderung durch die Postmoderne für Theologie und Kirche zweifellos auch darstellt, bekommt das Pfarramt als Amt der Erinnerung seine genau zu bestimmende Aufgabe und sein genau beschreibbares Profil. Die Individualisierung der Lebenswelten und der Verdacht gegen die großen Erzählungen lösen die Verbindlichkeitsstruktur und die institutionellen Selbstverständlichkeiten der Vermittlung von kulturellen und religiösen Traditionsbeständen auf. Zugleich aber entsteht durch den Zwang zur Erfindung des eigenen Lebens ein neues Bedürfnis nach Traditionen mittels derer das eigene Leben gestaltet werden kann. Je rasanter das selbstverständliche Erleben von Tradition dahinschwindet, desto dringlicher wächst der Bedarf an Traditionen. Die Postmoderne läßt Traditionen zerfallen und lechzt zugleich nach ihnen.

Innerhalb dieser paradoxalen Struktur der Postmoderne kann das Pfarramt als Amt der Erinnerung eine neue Bedeutung gewinnen. Die Aufgabe eines solchen Amtes der Erinnerung bestünde darin, durch innovatorische Vergegenwärtigung der postmodernen Gesellschaft den gefährdeten biblisch-christlichen Traditionsbestand zu erhalten. Das Pfarramt wäre dann der institutionelle Ort des biblisch-christlichen Gedächtnisses. Was bedeutet dies für das Profil dieses Amtes? Und vor allem: Was bedeutet dies für die Ausbildung und notwendige Qualifikationen der Menschen, die dieses Amt innehaben? Nach welcher Kompetenz ruft das Amt der Erinnerung?

An erster Stelle werden wir wohl Abschied nehmen müssen von einem pastoralen Leitbild, das uns die letzten dreißig Jahre entscheidend bestimmt hat. Und ich vermute, daß uns der Abschied von diesem Leitbild nicht zuletzt deshalb sehr schwer fallen wird, weil dieses Leitbild viel geleistet hat. Dieses Leitbild war nicht einfach falsch, wohl aber hat es sich meines Erachtens überlebt. Es war wohl *das* pastorale Leitbild in der Bundesrepublik Deutschland der sozial-liberalen Ära. Es kann nicht mehr das Leitbild der Postmoderne sein.

Von welchem Leitbild spreche ich? Ernst Lange hat in seiner berühmten ›Bilanz 65‹, die das Experiment der Ladenkirche am Brunsbütteler Damm in Berlin-Spandau kritisch reflektiert, den Begriff der ›Kommunikation des Evangeliums‹ als perspektivierenden Leitbegriff geprägt. Dieser Begriff hat in der Praktischen Theologie eine Karriere ohnegleichen gemacht. Dies war nicht zuletzt darin begründet, daß er nicht eine einzelne isolierte Funktion pastoraler Tätigkeit benennt, sondern – wie bereits Ernst Lange selbst formulierte – »alle Funktionen der Gemeinde, in denen es um die Interpretation des biblischen Zeugnisses geht – von der Predigt bis zur Seelsorge und zum Konfirmandenunterricht – als Phasen ein- und desselben Prozesses sichtbar macht.«[4] Es ist aber unverkennbar, daß der Begriff der ›Kommunikation des Evangeliums‹ im Verlauf seiner praktisch-theologischen Rezeption sehr schnell eine bezeichnende Bedeutungsverschiebung in zweifacher Hinsicht erfahren hat.

Zum einen war bei Ernst Lange der Begriff eng an seine genitivische Bestimmung gebunden. Es ging ihm um die Kommunikation *des Evangeliums*. Kommunikation war bei ihm kein Formal-Begriff, der seinem Inhalt neutral gegenübersteht. Sondern der Inhalt strukturiert die Formen der Kommunikation. Kommunikation war beshalb bei Ernst Lange ein christologischer Begriff. Das läßt sich sehr schön an seiner Gottesdiensttheorie zeigen. Kommunikation ist dort ganz eng mit den Begriffen der Überlieferung und Verheißung verbunden. Dies ändert sich dann sehr schnell. Im Jahre 1969 erscheint Hans-Dieter Bastians Buch ›Theologie der Frage‹.[5] Dort ist der Begriff der Kommunikation im Kontext der Kommunikationstheorie und Theorie der Massenmedien entfaltet. Dies muß kein Schaden sein. Im Gegenteil. Der Begriff der Kommunikation war ja gerade darin tragfähig, daß er die theologische Perspektive mit empirischen Fragestellungen verbinden konnte. Allerdings kam gerade diese Verbindung so nicht zustande. Der Begriff der Kommunikation fungierte im praktisch-theologischen Diskurs der letzten dreißig Jahre als empirisch-funktionaler Begriff, der sich gegenüber einer weitergehenden theologischen Bestimmung merkwürdig sperrte.

Darüber hinaus hat der Begriff der Kommunikation im Kontext seiner praktisch-theologischen Rezeption eine zweite wichtige Bedeutungsverschiebung erfahren. Bei Ernst Lange wird damit eine Funktion der *Gemeinde* beschrieben. Zunehmend wird der Begriff nun verwendet, um eine Funktion des *Pfarramtes* zu beschreiben. Damit ist der Weg von der Kommunikation des Evangeliums hin zur Funktionsbeschreibung des Pfarrers als dem großen Kommunikator vorgezeichnet.

All die Fraglichkeiten der pastoralen Berufspraxis, die ja nicht ohne Grund gegenwärtig schärfer in unser Blickfeld geraten, sind in diesem

4. *Ernst Lange,* Kirche für die Welt. Aufsätze zur Theorie kirchlichen Handelns, München 1981, S. 101.
5. Vgl. dazu *Hans-Dieter Bastian,* Theologie der Frage. Ideen zu einer Grundlegung einer theologischen Didaktik und zur Kommunikation der Kirche in der Gegenwart, München 1969.

Gefälle hin zum großen Kommunikator impliziert: Der Pfarrer, die Pfarrerin als Prediger und Seelsorgerin, aber auch als Herr und Meisterin der Schlüsselgewalt des Gemeindehauses, die Präsenz beim Kaffeeausschenken am Seniorennachmittag, das Ohr am Telefon, das Auge auf das Fax-Gerät gerichtet. Ich denke, daß ich mit dieser Beschreibung die Konturen zwar scharf zeichne, daß ich aber nicht karikiere. Der Pfarrer als der große Kommunikator, die Pfarrerin als große Kommunikatorin – das ist das Profil des Pfarramtes, das gegenwärtig nicht nur unter finanziellen Zwängen fraglich geworden ist.

Ich möchte diesem in die Krise geratenen Profil des Pfarramtes zunächst eine These entgegenstellen, die ich dann weiter konkretisieren möchte. Die These lautet: *Die Menschen der Postmoderne suchen im Pfarrer, in der Pfarrerin nicht den großen Kommunikator, sondern den Interpreten, die Interpretin der biblisch-christlichen Tradition in jeweils bestimmten lebensgeschichtlichen Kontexten.* Das Pfarramt gewinnt für diese Menschen seine Bedeutung nicht in der Kommunikation, sondern im besonderen Profil der Tradition, für das es steht. Pfarrerinnen und Pfarrer müssen nicht die besseren oder schlechteren Moderatoren sein, nicht die besseren oder schlechteren Manager, nicht die besseren oder schlechteren Show-Master, sondern sie müssen einstehen für eine bestimmte Tradition.

Der Funktionswandel des Pfarramtes hin zum großen Kommunikator, läßt sich ja sehr schön am Gestaltwandel des Dienstbereiches im Pfarrhaus zeigen. Aus der Studierstube ist das Büro geworden. Diese Entwicklung muß wieder umgekehrt werden, wobei eine postmoderne Studierstube sicher noch einmal anders aussehen muß als die Studierstube eines Mörike oder eines Christoph Blumhardt.

Eines wird aber auf jeden Fall gelten: Das Pfarramt als Amt der Erinnerung ist ein profiliert *intellektuelles Amt.* Ich weiß, daß man im kirchlichen Kontext ganz schön Prügel beziehen kann, wenn man eine solche These formuliert. Die kirchlichen Milieus partizipieren an dieser Stelle ungebrochen am gesamtgesellschaftlichen Ressentiment gegen den Typus des Intellektuellen oder der Intellektuellen. Theodor W.Adorno hat in diesem Zusammenhang von einer ›Rancune gegen den Intellektuellen‹[6] gesprochen, die tief in der deutschen Geistesgeschichte und Bewußtseinslage verankert sei. Aber was waren sie denn anderes – ein Karl

6. *Theodor W. Adorno,* Kritik.Kleine Schriften zur Gesellschaft, Frankfurt 1971, S. 14.

Barth und Eduard Thurneysen im Safenwiler und Leutwiler Pfarramt, der Dietrich Bonhoeffer von ›Widerstand und Ergebung‹, ein Ernesto Cardenal in Solentiname, aber auch eine Teresa von Avila und eine Charlotte von Kirschbaum – was waren sie anderes als Intellektuelle in ihrem Ernst und ihrem Charme?

Traditionen lassen sich heute nur noch überzeugend vertreten in einer Mischung von Kritik und Aneignung, von Distanz und Nähe, von sprachlichem Gespür und gestalterischer Lust. Dabei weiß ich von den Abgründen, vor der eine intellektuelle Existenz steht. Das ist aber so neu nun auch nicht. Der große französische Historiker Jacques Le Goff hat den Ambivalenzen der Intellektuellen bereits im Mittelalter nachgespürt. Dabei ist es kein Zufall, daß er diese Ambivalenzen nicht zuletzt am Amt des Theologen identifiziert: »Als Gelehrten und Professor, als berufliche Denker, kann man den Intellektuellen auch durch bestimmte psychologische Züge definieren, die zu geistiger Verschrobenheit führen können durch bestimmte Charaktereigenschaften, die sich verhärten, zu schlechten Gewohnheiten, Manien werden können. Zum Widerspruch neigend, läuft der Intellektuelle Gefahr, zum Nörgler zu werden. Als Wissenschaftler droht ihm geistige Unbeweglichkeit. Und der Kritiker in ihm, wird er nicht aus Prinzip zerstören, systematisch schlechtmachen? Es gibt genügend Schmäher unter den Zeitgenossen, die ihn zum Sündenbock stempeln. Das Mittelalter spottete zwar über die verknöcherten Scholastiker, war aber nicht derart ungerecht ... Hinter der Vernunft hat es die Leidenschaft des Gerechten, hinter der Wissenschaft den Durst nach Wahrheit, hinter der Kritik die Suche nach dem Besseren zu sehen gewußt. Dante hat den Feinden des Intellektuellen bereits vor Jahrhunderten widersprochen, als er die drei größten intellektuellen Gestalten des 13. Jahrhunderts ins Paradies versetzte und dort versöhnte: den heiligen Thomas, den heiligen Bonaventura und Siger von Brabant.«[7] Ich bin fest davon überzeugt, daß so wie das Mittelalter auch die Menschen in der Postmoderne das Amt der Erinnerung als intellektuelles Amt zu würdigen verstehen wissen.

Wenn ich derart das Pfarramt als intellektuelles Amt verstehe, so hat dies weitreichende Konsequenzen für die Struktur der Ämter in der Gemeinde insgesamt. Zunächst einmal bedeutet dies schlicht, daß das Pfarramt als intellektuelles Amt in seinen Aufgaben beschränkt ist. Und dieser Tatbestand wertet die anderen Ämter und Funktionen in der Ge-

7. *Jacques Le Goff,* Die Intellektuellen im Mittelalter, München 1993, S. 9f.

meinde auf. Das Büro des großen Kommunikators ist ein Machtzentrum ohnegleichen. Es wird uns allen gut tun, diese Ansammlung von Macht zu entfächern.

Ich stelle mir vor, daß das evangelische Pfarramt der Zukunft in seiner Struktur ähnlich dem Rabbinat in der jüdischen Gemeinde sein wird. Männer und Frauen werden dort in einer eigentümlichen Mischung von Lehre und Seelsorge die Tradition hegen und pflegen. Und andere werden anderes, nicht minder Notwendiges tun. Vor allen Dingen wird der Pfarrer, die Pfarrerin nicht mehr in der Weise wie bisher, Leitungsfunktion haben. Dies mag schmerzen, aber es wird auch eine nicht zu unterschätzende physische und psychische Entlastung mit sich bringen. Die Kirchenordnungen der deutschen evangelischen Landeskirchen hatten noch bis in die Zeit nach dem Zweiten Weltkrieg hinein dem Pfarrer *allein* die Gemeindeleitung übertragen. Die derzeit gültigen Kirchengemeindeordnungen bestimmen in der Regel, daß Pfarrer und Kirchengemeinderat, Kirchenvorstand oder Presbyterium *gemeinsam* die Gemeinde leiten. Nun gilt es den nächsten Schritt zu machen, und die Gemeindeleitung ganz den gewählten Laiengremien zu übertragen. Der Pfarrer, die Pfarrerin hätten dazu im intellektuellen Amt der Erinnerung das Ihre beizutragen. Das Amt der Erinnerung kann am ehesten dort seine Wirkung entfalten, wo es nur aus der eigenen Überzeugungskraft heraus Gehör findet. Insofern stellt das Pfarramt als Amt der Erinnerung einen wichtigen Baustein dar auf dem Weg hin zu einer nicht-hierarchischen Kirche, derer die Postmoderne so dringend bedarf.

Personenregister

Adorno, Theodor W. 118, 139
Anderegg, Johannes 109
Anouilh, Jean 90
Aristoteles 36
Auster, Paul 86ff.

Bach, Johann Sebastian 82
Barnes, Djuna 7
Barth, Karl 47, 52ff., 107, 133, 139f.
Bastian, Hans-Dieter 138
Baumann, Zygmunt 27f.
Beck, Ulrich 9, 19ff., 31, 130
Beckett, Samuel 102
Ben-Sasson, Haim Hillel 73
Benjamin, Walter 40, 65ff., 70f., 132
Berger, Peter L. 30f.
Berghaus, Ruth 82
Bethge, Eberhard 84
Beuys, Joseph 57
Blair, Tony 114
Blumhardt, Christoph 139
Böhme, Gernot 95
Bohren, Rudolf 111
Boisen, Anton 112
Bonaventura 140
Bonhoeffer, Dietrich 84f., 140
Brauneck, Manfred 99
Brecht, Bertolt 105

Caesar, Gaius Julius 70
Cardenal, Ernesto 140
Cézanne, Paul 26
Chirac, Jacques 113
Chomeini 57
Cicero, Markus Tullius 70
Cox, Harvey 85

Dahrendorf, Ralf 113
Derrida, Jacques 63
Disney, Walt 82

Elert, Werner 51
Elias, Norbert 18
Engels, Friedrich 17
Enzensberger, Hans Magnus 82
Erne, Paul Thomas 56

Fangmeier, Jürgen 54
Feyerabend, Paul 26
Figal, Günter 62f.
Fontane, Theodor 75
Ford, John 91
Foucault, Michel 80
Freud, Siegmund 80, 112f.
Friedrich II. 77
Fuchs, Eduard 66

Gadamer, Hans-Georg 63, 80
Goethe, Johann Wolfgang von 91
Graf, Friedrich Wilhelm 49, 51
Grant, Cary 91
Gropius, Martin 98f.
Gruben, Gottfried 34, 36
Gründgens, Gustav 102

Habermas, Jürgen 12f., 41
Harnack, Adolf von 24, 34, 53
Hegel, Georg Wilhelm Friedrich 11, 51, 113
Hepburn, Audrey 91
Herms, Eilert 58
Hoffman, Dustin 92
Hoffmann-Axthelm, Dieter 18
Horkheimer, Max 66ff.
Hübinger, Gangolf 50

Jaspers, Karl 53
Josuttis, Manfred 102, 105
Jung, Carl Gustav 113
Jüngel, Eberhard 57, 69

Käutner, Helmut 91
Kemelmann, Harry 75, 77
Kierkegaard, Sören 115f.
Kirschbaum, Charlotte von 140
Kolb, Frank 35f.
Kuhn, Thomas S. 112, 114

Lange, Ernst 108, 137f.
Le Goff, Jacques 140
Lenin, Wladimir Iljitsch 57
Lessing, Gotthold Ephraim 27, 100
Levy, Bernard-Henri 64
Lott, Jürgen 43
Luther, Henning 15, 61f., 78, 106f.
Luther, Martin 16f., 29, 58f.
Lüthi, Kurt 54
Lyotard, Jean-François 23ff.

Marx, Karl 16, 80
Meeks, Wayne A. 34, 37
Meier, Christian 69f.
Meister-Karanikas, Ralf 45
Metz, Johann Baptist 69
Meyer-Blanck, Michael 14
Möller, Christian 111f.
Moltmann, Jürgen 53
Moog, Heinz 90
Mörike, Eduard 139
Müller, Hans Martin 49f.
Mutter Theresa 57

Natrup, Susanne 42f.
Nezval, Vitelslav 81
Niemöller, Martin 57
Nietzsche, Friedrich 55, 80
Novalis 105

Oden, Thomas C. 112
Otto, Rudolf 36f., 89

Palmer, Michael 55
Pasolini, Pier Paolo 119
Pelikan, Jiri 33
Picasso, Pablo 26, 57
Piper, Hans-Christoph 111
Plato 90
Poe, Edgar Allan 124f.

Rad, Gerhard von 68
Ranke, Leopold von 64
Rogers, Carl 115
Rössler, Dietrich 106
Rothe, Richard 50

Saint Phalle, Niki de 57
Sartre, Jean-Paul 22
Sayers, Dorothy L. 102f.
Schapp, Wilhelm 128
Scharfenberg, Joachim 111, 113, 120
Schiller, Friedrich von 90
Schindhelm, Michael 46
Schleiermacher, Ernst Daniel Friedrich 51, 53, 63, 103, 108
Schmidbauer, Wolfgang 127
Schmoll, Heike 135f.
Schönberg, Arnold 25
Sedlmayr, Hans 25f.
Sennett, Richard 35, 38f.
Servet, Michael 53
Siger von Brabant 140
Soeffner, Hans-Georg 17, 46f.
Sokrates 90
Sölle, Dorothee 14
Sombart, Werner 18f.
Stoevesandt, Hinrich 54
Stollberg, Dietrich 111
Streep, Meryl 92

Tacke, Helmut 111
Teresa von Avila 140
Teufel, Erwin 57
Thoma, Ludwig 91
Thomas von Aquin 140
Thurneysen, Eduard 107, 114ff., 140
Tillich, Paul 52, 54ff.
Timm, Hermann 62
Tinguely, Jean 57
Troeltsch, Ernst 50f.

Wagner, Richard 103
Wasmuth, Ewald 105

Weber, Max 17, 19, 28
Welker, Michael 107
Wellershof, Dieter 109
Welsch, Wolfgang 12, 14, 32, 118, 122
Winkler, Klaus 111
Woolf, Virginia 18

Zuckmayer, Carl 54